Amira Barhoumi

Analyse syntaxique de la langue arabe

Amira Barhoumi

Analyse syntaxique de la langue arabe

Analyse syntaxique basée sur une méthode d'apprentissage automatique

Éditions universitaires européennes

Impressum / Mentions légales
Bibliografische Information der Deutschen Nationalbibliothek: Die Deutsche
Nationalbibliothek verzeichnet diese Publikation in der Deutschen
Nationalbibliografie; detaillierte bibliografische Daten sind im Internet über
http://dnb.d-nb.de abrufbar.

Information bibliographique publiée par la Deutsche Nationalbibliothek: La
Deutsche Nationalbibliothek inscrit cette publication à la Deutsche
Nationalbibliografie; des données bibliographiques détaillées sont
disponibles sur internet à l'adresse http://dnb.d-nb.de.

Coverbild / Photo de couverture: www.ingimage.com

Verlag / Editeur:
Éditions universitaires européennes
ist ein Imprint der / est une marque déposée de
OmniScriptum GmbH & Co. KG
Heinrich-Böcking-Str. 6-8, 66121 Saarbrücken, Deutschland / Allemagne
Email: info@editions-ue.com

Herstellung: siehe letzte Seite /
Impression: voir la dernière page
ISBN: 978-3-8417-4526-2

Table des matières

Table des figures

Liste des tableaux

Introduction générale

La langue est un outil primordial pour la communication. En effet, pour pouvoir agir, réagir et interagir avec autrui, une connaissance de la langue du partenaire est très importante : nous devons être capable de différencier entre verbe et nom, sujet et complément, temps et voix de la phrase, ...etc. Bref, nous devons analyser syntaxiquement les écritures d'autrui. Heureusement pour les êtres humains, ceci se fait en quelques secondes vu qu'ils ont déjà acquis des connaissances de grammaire. Dans ce document, nous voulons simuler l'esprit humain par le fait d'extraire la structure syntaxique d'une phrase donnée. Le système doit donc apprendre telles connaissances. Pour ce faire, nous faisons recours à la technique d'apprentissage automatique.

Ce travail entre dans le cadre du projet de l'ALECSO[1] : Organisation Arabe pour l'Education, la Culture et les Sciences. Ce projet[2] consiste à réaliser une plateforme pour l'analyse des textes arabes. Ainsi, ma mission consiste à concevoir et mettre en œuvre un analyseur qui prend en entrée une phrase et fournit en sortie sa structure syntaxique. Dans le monde du TALN et plus spécifiquement l'analyse syntaxique, deux axes de recherche ont été explorés : l'un linguistique basé sur les formalismes de grammaire et l'autre statistique basé sur les méthodes d'apprentissage automatique. Historiquement, les résultats de performance de l'approche linguistique sont pires que ceux de l'approche statistique. Ajoutons également qu'à nos connaissances, cette dernière n'a jamais été utilisée pour l'analyse syntaxique de la langue arabe. Par conséquent, nous nous fixons comme objectif de proposer une méthode statistique pour l'analyse syntaxique de la langue arabe. En effet, la plupart des analyseurs syntaxiques statistiques traitent les langues indo-européennes (l'anglais, le français, le chinois,...). Le besoin de développer un système d'analyse syntaxique dédié pour la langue arabe devient de plus en plus incontournable, vu son utilisation basique dans l'amélioration de plusieurs applications du TALN, à savoir la traduction automatique, le résumé automatique, ...etc. Nous proposons ainsi une méthode d'analyse par niveau qui fait intervenir des techniques d'apprentissage automatique. Nous nous intéressons particulièrement au modèle statistique discriminant *champs aléatoires conditionnels*.

Ce rapport regroupe quatre chapitres. Nous présentons, dans un premier temps, l'état de l'art de l'analyse syntaxique. Ensuite, nous détaillons et justifions le choix du modèle champs aléatoires conditionnels CRF comme un modèle d'apprentissage. Dans le troisième chapitre, nous décrivons l'architecture du système *Statistical Parser for Arabic* SPA. Nous expliquons, dans le quatrième chapitre, la réalisation et la mise en œuvre de notre analyseur syntaxique tout en rapportant et discutant ses mesures de performance. Finalement, nous concluons notre travail en donnant les perspectives que nous avons fixées dans le but d'une amélioration envisageable de l'analyseur SPA.

---

[1]http ://www.alecso.org.tn/
[2]https ://sites.google.com/site/lamiahadrich/projets-de-recherche

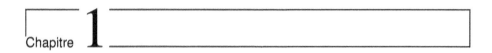

Chapitre **1**

Etat de l'art

1.1   Introduction

Le domaine du traitement automatique de la langue naturelle TALN se trouve au cœur de plusieurs problématiques telles que l'extraction et la recherche d'information ([60] et [1]), le traitement de la parole [37], ...ect. Une grande partie du TALN s'intéresse à l'analyse syntaxique des phrases et par conséquent des paragraphes et des textes.

Dans ce chapitre, nous présentons l'état de l'art relatif à l'analyse syntaxique. Dans un premier temps, nous l'étudions indépendamment de toute langue. Nous décrivons ensuite les différentes méthodes utilisées tout en mentionnant quelques travaux qui s'intéressent à la langue arabe. Enfin, nous soulevons quelques problématiques concernant le traitement automatique de la langue arabe.

1.2   Analyse syntaxique

Plus la compréhension de la langue est meilleure, plus les résultats d'évaluation des applications du TALN s'améliorent. Cette compréhension consiste à analyser le texte morphologiquement, syntaxiquement, sémantiquement et voire pragmatiquement. Dans ce document, nous nous intéressons au niveau syntaxique de la langue.

La syntaxe consiste à étudier comment les mots se combinent pour former des syntagmes puis des propositions et enfin des phrases correctes. En fait, elle est définie par l'identification des constituants d'une phrase et des relations qui existent entre eux. Le niveau syntaxique est basé sur le niveau morphologique et il constitue la base des niveaux sémantique et pragmatique. Les analyseurs syntaxiques peuvent être classés en trois catégories selon les résultats qu'ils fournissent : les analyseurs fondés sur les constituants (*SCOL* d'Abney [2] ; *IPS* de Wehrli [87]) qui retournent une segmentation en groupes, ceux fondés sur les dépendances (*Link Grammar* [80]) qui retournent des dépendances entre les mots de la phrase d'entrée et ceux fondés sur les constituants et les dépendances (*IFSP* [5] développé chez Xerox, l'analyseur de Giguet et Vergne [32]) qui retournent une segmentation en groupes et identifient des relations de dépendance entre ces groupes et/ou entre les mots.

Nous distinguons deux niveaux d'analyse syntaxique (cf. tableau 1.1) : l'un superficiel (dit aussi "partiel", utilisé par les applications qui manipulent des données volumineuses) et l'autre profond (utilisé généralement dans la traduction automatique). En effet, l'analyse syntaxique superficielle est habituellement basée sur des méthodes stochastiques comme dans le travail de Liberman et Church [46]. Cette analyse ne permet pas de construire un arbre syntaxique complet vu qu'elle se limite par l'identification des constituants de la phrase sans spécifier leurs structures internes. Quant à l'ana-

2

lyse syntaxique profonde, elle se fonde sur des techniques symboliques comme a expliqué Chanod [18]. Elle permet de construire un arbre syntaxique complet par un découpage récursif de la phrase en constituants.

Analyseur superficiel	Analyseur profond
-Structuration simple : il fournit les unités non récursives ainsi que des relations portant sur ces unités.	-Couverture de la langue : il fournit toutes les possibilités et indique les différentes relations syntaxiques ou syntactico-sémantiques entre les constituants.
-Rapide et robuste	-Lent : trop d'ambiguïtés.

TABLE 1.1 – Analyseur superficiel vs. analyseur profond

Afin de bénéficier des avantages de ces deux types d'analyse, une tentative consiste à les combiner. Nous distinguons, dans ce cadre, différentes approches. La première consiste à considérer l'analyse superficielle comme un prétraitement de l'analyse profonde. La deuxième approche, moins répandue, consiste à considérer la sortie de l'analyseur superficiel comme l'entrée de l'analyseur profond : les deux analyseurs superficiel et profond sont en cascade ([51] et [39]). Tant qu'à la troisième approche utilise l'analyse superficielle et profonde en parallèle [29].

Dans ce qui suit, nous donnons un aperçu des différentes approches concernant l'analyse syntaxique ainsi que certaines méthodes proposées.

1.3 Approche symbolique

Cette approche se base sur une grammaire de la langue. En effet, la présence des linguistes ou plus précisément des grammairiens est primordiale dans la construction de la grammaire : définir les règles de la grammaire qui sont en premier temps d'ordre général, puis les raffiner afin d'assurer la couverture de la langue. Ceci nécessite beaucoup de temps et de compétences linguistiques.

La construction d'une grammaire est une tâche ardue et pourtant, la première tentative dans l'analyse syntaxique était symbolique, comme le langage *PROLOG* qui permet facilement une telle manipulation. Dans ce cadre, différents types de grammaires ont été utilisés, nous citons à titre d'exemple les grammaires d'unification telles que LFG, GPSG, HPSG, CG et la grammaire de propriétés. Nous détaillons, dans la suite, ces types de grammaires.

1.3.1 Grammaire catégorielle CG

La grammaire CG [8], pour *Categorial Grammar*, est un des formalismes les plus anciens. Dans ce formalisme, les constituants grammaticaux sont distingués par un type syntaxique. Ce dernier identifie les constituants soit comme un argument ou une fonction d'arguments. Tels types, ou catégories, sont reliés de manière transparente au type sémantique de l'expression linguistique. Le type grammatical et le type sémantique diffèrent fondamentalement dans l'inclusion d'information sur l'ordre linéaire spécifique au langage. Bref, CG est un formalisme pour la syntaxe de langue, mais, il entretient des rapports étroits avec la sémantique de Montague [64] qui fournit une modélisation sémantique basé sur la syntaxe de la langue.

Les grammaires CG entrent dans le cadre du lexicalisme radical : les règles sont figées et indépendantes de la langue. La variation d'une langue à une autre réside dans la variation des types que le lexique associe aux entrées lexicales. Étant une grammaire lexicalisée, elle présente le grand avantage de ne pas apprendre des règles, puisque celles-ci sont fixes. Il suffit alors de déterminer l'entrée lexicale associée au nouveau mot ou au nouvel usage du mot.

L'analyseur syntaxique *C-PART* [88] implémente la grammaire catégorielle. Il supporte les CG dites "pures", c'est-à-dire sans règles de constituants explicites. *Grail* [59] est un autre analyseur qui permet de spécifier les fonctions de CG souhaitée et les implémenter.

1.3.2 Grammaire lexicale fonctionnelle LFG

La grammaire LFG [41], pour *Lexical-Functional Grammar*, est un formalisme grammatical qui se base sur l'unification. Ce formalisme repose sur la grammaire hors contexte CFG enrichie par des structures fonctionnelles. En effet, elle présente une approche fortement lexicalisée dans une perspective cognitive : elle représente la structure en constituants et les relations fonctionnelles (sujet - prédicat) en utilisant un lexique. Dans la grammaire LFG, les constituants sont gérés par CFG et les fonctions grammaticales sont gérés par des équations fonctionnelles unifiées. Ainsi, une analyse LFG est, en même temps, une structure de constituants et une structure de fonctions. Néanmoins, ce formalisme présente des inconvénients à savoir une complexité élevée de type NP-complet, une confusion entre dépendances syntaxiques et dépendances sémantiques, ...etc.

Plusieurs analyseurs syntaxiques ont été développés avec le formalisme LFG tels que celui de Andrew [4], *Xserox* [40], *Caramel* [84], *SxLfg* [17].

1.3.3 Grammaire syntagmatique généralisée GPSG

La théorie GPSG [31], pour *Generalized Phrase Structure Grammar*, concerne la représentation distincte d'informations hiérarchiques et linéaires. En effet, GPSG est sans lexique et dont les règles syntagmatiques sont de deux types : relations de dominance et relations de préséance (ordre linéaire).

La grammaire GPSG est caractérisée par l'utilisation de structures de traits. Les catégories syntaxiques sont des structures complexes, formées de couples attribut/valeur dont les valeurs peuvent être atomiques ou complexes. Ces structures permettent de décrire les propriétés spécifiques des catégories. D'où, sa capacité à représenter des informations syntaxiques au niveau des catégories. Elle permet une meilleure encapsulation de l'information afin d'exprimer des généralisations sur les structures.

L'analyseur syntaxique, le plus connu, implémentant GPSG est celui de Shieber [79]. Nous citons aussi le *Buttom-Up filtering* [13] : une stratégie optimale pour une analyse syntaxique avec GPSG.

1.3.4 Grammaire syntagmatique guidée par la tête HPSG

La théorie de HPSG [67], pour *Head-driven Phrase Structure Grammar*, est une théorie linguistique qui fournit une modélisation des principes grammaticaux universels. Elle s'appuie sur le cadre formel de la logique attribut/valeur.

HPSG est une grammaire dont les propriétés sont un lexicalisme strict (la structure des mots et celle des phrases sont régies par des mécanismes indépendants : *Lexical Integrity*), une prédiction géométrique, une localité de la sélection de la tête, des structures concrètes (pas de structures vides ou fonctionnelles),...etc. Elle constitue un système de contraintes sur les structures de traits. Ce formalisme est aussi caractérisé par une intégration facile des connaissances phonologiques, lexicales, syntaxiques, sémantiques et voire pragmatiques.

L'analyse avec HPSG consiste à trouver la tête (élément dominant) qui oriente ensuite l'analyse vers les autres éléments. Ce formalisme opte pour la richesse de la représentation des unités linguistiques se trouvant ensemble dans une même structure de traits. De plus, la grammaire HPSG semble être bien adaptée au traitement informatique dont elle prend directement certaines idées (héritage, typage).

La mise en œuvre d'outils implémentant les concepts du formalisme HPSG a donné naissance à plusieurs systèmes.

4

Nous citons à titre d'exemple : *TRALE*[1] (plateforme d'analyse pour l'allemand), *Bebel* qui est un analyseur syntaxique développé à l'université de Berlin [56] pour la langue allemande, *MATRIX*[2] (une plateforme implémentant HPSG pour l'anglais, le japonais et l'allemand), *Enju* qui est un analyseur syntaxique pour l'anglais développé au laboratoire Tsujii de l'université de Tokyo([55] et [61]), *MASPAR*[3] (un outil implémentant HPSG pour l'arabe standard), *PHARA*[4] (système d'analyse de texte arabe avec le formalisme HPSG). À nos connaissances, *MASPAR* et *PHARA* sont les seuls travaux pour l'analyse syntaxique de la langue arabe.

1.3.5 Analyse syntaxique basée sur une grammaire probabiliste hors contexte PCFG

Une grammaire probabiliste hors contexte PCFG [20], par opposition à la grammaire hors contexte CFG, peut être utilisée comme un modèle de langue qui consiste à estimer la probabilité d'une phrase dans une langue donnée.

Il y a deux approches reliées à l'apprentissage d'une PCFG : l'apprentissage des règles ellesmêmes et l'association d'une probabilité à chaque règle. Le choix de l'approche dépend entre autres des corpus disponibles : Si le corpus est étiqueté (chaque mot de la phrase est étiqueté par une étiquette syntaxique) ou textuel (non étiqueté), on doit effectuer l'apprentissage des règles elles-mêmes. On a besoin, pour cela, de techniques d'estimation spécifiques à base de ré-estimations itératives convergeant vers un maximum de vraisemblance (l'algorithme Inside-Outside [6] et [20]). Malheureusement, les performances de cet algorithme sont limitées [70] et [63].

Marcus et ses collègues [28] ont développé un modèle pour l'anglais en utilisant le corpus Penn Treebank. Charniak et ses collègues [21] ont décrit un système d'analyse syntaxique basé sur un modèle de langue pour l'anglais qui est basé sur l'attribution de probabilités aux différentes analyses possibles pour une phrase. Ce modèle est utilisé dans un système d'analyse en associant à la phrase l'analyse ayant la plus forte probabilité.

1.3.6 Analyse syntaxique basée sur une grammaire probabiliste hors contexte lexicalisée LPCFG

Comme déjà cité, la probabilité des règles dans PCFG est indépendante des mots d'entrée. Ce manque de lexicalisation était l'étincelle de l'apparition de LPCFG. Ce qui signifie que PCFG lexicalisée permet la résolution du problème survenant dans PCFG en augmentant chaque non-terminal dans un arbre d'analyse avec son mot de tête.

Dans le cadre de LPCFG, la lexicalisation augmente énormément le nombre de règles possibles et rend l'estimation directe de la probabilité des règles infaisable à cause du problème de dispersion des données. Pour y apporter remède, on faisait recours à la markovisation (cf. section 1.4). Nous citons à titre d'exemple, l'analyseur syntaxique proposé par Bikel et Chiang [11] pour la langue Chinoise, celui de Cillins [24] pour l'anglais. En plus des grammaires d'unification, la grammaire de propriétés GP constitue un autre type de grammaires utilisé dans l'approche symbolique. Ses objectifs consistent à *"faire le point sur l'utilisation des contraintes en linguistique - informatique"* et *"proposer un nouveau formalisme pour le traitement automatique des langues"*. Le formalisme de GP est formé d'un ensemble de propriétés exprimant différentes relations entre les catégories formant la structure syntaxique. Ces propriétés peuvent être très générales ou très spécifiques concernant un ensemble limité de catégories. La particularité des GP consiste à représenter toutes les contraintes de façon indépendante. *"Aucun processus de dérivation n'est utilisé, en d'autres termes, aucune règle syntagmatique ni schéma de règle n'est nécessaire pour calculer la structure syntaxique d'un énoncé"* [12] constitue le cœur des GP. Par exemple, pour la langue Française, GP était exploitée par trois analyseurs symboliques dans la campagne d'évaluation EASY : un analyseur superficiel et deux profonds [7]. En guise de conclusion, l'approche symbolique pour l'analyse syntaxique se

---

[1] Une plateforme issue du projet MiLCA développé à l'université de Breme Allemagne
[2] Il s'agit d'un noyau grammatical universel
[3] outil développé à l'université de Sfax, Tunisie
[4] une plateforme développée à Annaba, Algérie

base sur un ensemble de règles de grammaire. En effet, nous devons extraire ces règles en examinant des phrases valides déjà existantes. Ces règles sont des règles évidentes de généralisation. Mais, nous notons malheureusement une infinité de phrases possibles ainsi que la non couverture de la syntaxe par la liste des phrases traitées. Ceci signifie qu'il y aurait des règles qui doivent exister dans notre grammaire mais qu'elles n'y figurent pas. Par conséquent, nous devons affiner la grammaire construite. Cette tâche est trop difficile et elle nécessite beaucoup de temps, ainsi que de bons linguistes.

1.4 Approche statistique

Cette approche se fonde sur des méthodes statistiques et elle utilise des corpus pour l'apprentissage et le test.

Dans cette section, nous dressons un bilan général de l'existant du traitement automatique de la langue naturelle et plus précisément un aperçu des méthodes statistiques appliquées en domaine d'analyse syntaxique.

1.4.1 Analyse syntaxique basée sur les modèles de Markov

La markovisation est couramment utilisée pour pallier le problème de dispersion des données. Les modèles de Markov sont des automates probabilistes à états finis. Une propriété fondamentale de Markov concerne la distribution conditionnelle des états futurs qui, étant donné les états passés et présents, ne dépendent que de l'état présent.

Les chaînes de Markov représentent le modèle Markovien de base qui correspond à un simple graphe d'états doté d'une fonction de transition probabiliste. Cette fonction probabiliste permet d'exprimer simplement la loi d'évolution du modèle sous la forme d'une matrice de probabilités. Les chaînes de Markov se divisent en deux modèles différents : les modèles de décision Markoviens et les modèles de Markov cachés.

Les modèles de décision Markoviens (MPD) sont une extension des chaînes de Markov. La grande différence entre ces deux modèles consiste en notion de récompense qui modifie radicalement la finalité du modèle en introduisant la notion de but, c'est-à-dire, la fonction de récompense permet d'indiquer au modèle l'objectif à atteindre.

Les modèles de Markov cachés (HMM) sont une autre évolution des chaînes de Markov. Ils se basent sur deux processus stochastiques dépendants. En effet, l'état du système n'est plus directement observable ; il est caché par un processus d'observation. Les modèles de décision Markoviens partiellement observables constituent les processus de décision Markoviens issus de la fusion des MPD et des HMM. Ils incluent donc simultanément la notion d'observation et la notion d'action. L'objectif de ces modèles est donc de choisir un plan d'action permettant d'atteindre un but donné à partir d'un état de croyance quelconque portant sur l'espace d'états.

Parmi les travaux qui ont abordé les modèles de Markov, nous citons l'analyse syntaxique avec arbre de décision [38], ...etc.

1.4.2 Analyse syntaxique orientée données DOP

La méthode du DOP, pour *Data Oriented Parsing*, était introduite par Remko Scha [77]. Une étude détaillée est faite par Jim Rankin [72]. L'idée principale de cette méthode consiste à construire tous les arbres d'une phrase identifiée dans le corpus. Quand nous présentons une nouvelle phrase, nous la décomposons en segments, identifions les arbres partiels et recomposons pour avoir l'arbre syntaxique le plus probable [14].

La méthode statistique DOP est pratique puisqu'elle part d'exemples réels. Mais pour garantir de bonnes performances, nous exigeons un corpus de taille importante et de bonne qualité. Il est à signaler que la validation linguistique est nécessaire.

1.4.3 Analyse syntaxique basée sur un modèle génératif

La plupart des modèles standards dans TALN sont génératifs. Ils apprennent la distribution conjointe $P(X, Y)$ sur une paire (phrase X, arbre d'analyse syntaxique Y correspondant), et choisissent l'unique analyse la plus probable analyse pour la phrase X en calculant :

$$Y^* = \underset{Y}{argmax} P(X, Y) \tag{1.1}$$

Les modèles génératifs basés sur PCFG, appris à partir du corpus, sont parmi les plus performants [24] et [21]. Ils sont faciles à entrainer et ils ont l'avantage d'être utilisés comme des modèles de langage [22].

1.4.4 Analyse syntaxique basée sur un modèle discriminant

Les modèles discriminants considèrent l'analyse syntaxique comme une tâche de classification. Ils apprennent la distribution conditionnelle $P(Y|X)$ sur les arbres d'analyse Y pour une phrase donnée X. Ils utilisent l'entropie maximale pour entraîner la distribution conditionnelle d'une action d'analyse sachant l'historique. On distingue les analyseurs à base de transition [62] et les analyseurs à base de graphe [53]. L'avantage de cette méthode consiste en une facile intégration de nouvelles caractéristiques, ainsi qu'elle est triviale à répliquer. Mais les modèles discriminants souffrent des hypothèses d'indépendance : l'action est indépendante des observations futures. Ils sont aussi lents.

Les principaux travaux s'occupant du modèle discriminant sont ceux de Magerman [49], Jelinek et ses collègues [38] et McDonald et ses collègues [54].

1.4.5 Analyse syntaxique basée sur un modèle discriminant/génératif

Elle consiste à combiner les deux types de modèles génératif et discriminant. Cette approche était utilisée pour faire une analyse syntaxique de dépendance.

Koo et ses collègues [43] appliquent une méthode semi-supervisée qui consiste à l'utilisation des données non étiquetées pour introduire une hiérarchie de groupes de mots qui sera utile pour la définition des fonctions caractéristiques. Suzuki et ces collègues [82] proposent une méthode de trois étapes à savoir :

1. un apprentissage supervisé du modèle champs aléatoires conditionnels.

2. une production des arbres d'analyse sur des données non étiquetées et une estimation des modèles génératifs.

3. Un ajout de la sortie du modèle génératif comme fonctions caractéristiques dans l'apprentissage supervisé et retour à l'étape 1..

1.4.6 Analyse syntaxique avec le reclassement discriminant

Dans cette méthode, un modèle de référence est utilisé pour générer l' ensemble des meilleures analyses syntaxiques en utilisant uniquement des caractéristiques locales et par la suite un deuxième modèle tente de reclasser ces analyses en utilisant des caractéristiques arbitraires discriminantes.

Formellement, le modèle de reclassement pour une analyse syntaxique statistique se compose de trois parties [25] : un ensemble d'arbres d'analyse candidats, une fonction qui associe une phrase et son arbre d'analyse à un vecteur de caractéristiques, et un vecteur de poids associé à l'ensemble des caractéristiques.

1.5 Problématiques du traitement automatique de l'arabe

La langue arabe est la langue parlée par plus de 200 millions de personnes. Elle présente la langue officielle d'au moins 22 pays. Elle est aussi la langue de référence pour plus d'un milliard de musulmans. Cet envahissement, accompagné du progrès technologique, exige l'inclusion de la langue arabe dans le monde du TALN.

Dans le but de développement d'un analyseur syntaxique automatique de l'arabe, la prise de décision qui s'impose concerne la compréhension de la langue arabe et l'étude de ses difficultés.

1.5.1 Caractéristiques de la langue arabe

L'arabe est une langue sémitique qui s'écrit de droite à gauche. Son alphabet compte vingt huit consonnes adoptant différentes graphiques selon leur position dans l'unité lexicale (au début, au milieu ou à la fin). L'arabe est dite "monocamérale" comme les notions de lettres majuscules et minuscules n'existent pas.

La langue arabe est connue par sa richesse morphologique [36]. Sa morphologie reflète un terrain de recherche très fertile, elle représente une matière d'étude très importante pour les spécialistes du TALN. En effet, l'arabe est une langue flexionnelle qui emploie des traits de temps, de nombre, de genre,...etc pour la conjugaison des verbes et la déclinaison des noms. Ces traits sont en général des suffixes et des préfixes. En outre, l'arabe est caractérisé par une morphologie dérivationnelle. Cette dernière consiste à dériver d'autres mots à partir des verbes. Ces formes dérivées entretiennent des relations syntaxiques et sémantiques avec le dérivable. Parmi dérivés, nous citons le nom verbal مصدر, le participe actif فَاعِل اسم, le participe passif مَفعُول اسم,...etc.

1.5.2 Difficultés de l'analyse syntaxique de l'arabe

La langue arabe peut être classée parmi les langues les plus difficiles à être traitée automatiquement .Certains critères peuvent rendre l'analyse syntaxique difficile, à savoir l'agglutination, la non voyellation, l'ordre des mots, ...etc.

- *Agglutination* : un mot graphique arabe[5] peut avoir une structure très complexe. Prenons l'exemple du mot qui correspond à une phrase complète en français. En effet, un mot graphique est décomposable en proclitique(s), forme fléchie et enclitique(s)(cf section 3.3.2 du chapitre 3). Le problème d'agglutination se présente principalement pendant la phase de segmentation de phrase en tokens.

- *Absence des voyelles* : un mot graphique arabe s'écrit avec des lettres et des voyelles. Les voyelles sont ajoutées au-dessus ou au-dessous des lettres. Un mot graphique possède une représentation unique. Cette dernière peut exprimer plusieurs mots différents syntaxiquement. Pour mieux comprendre, prenons l'exemple du mot graphique ذهب. Il admet deux voyellations possibles ذَهَبٌ ou ذَهَبَ. L'étiquette morphosyntaxique du premier est un verbe alors que le label morphosyntaxique du second est un nom.

- *Flexibilité de l'ordre des mots* : l'ordre des mots dans une phrase en arabe est relativement flexible. En effet, pour mettre en valeur un terme, il suffit de le placer en tête de la phrase. Nous distinguons principalement les phrases verbales (Verbe+sujet+complément) et les phrases nominales (sujet+verbe+complément). Ce caracrète constitue un obstacle dans l'approche symbolique, vu qu'il est quasiment difficile de cerner toutes les règles syntaxiques possibles.

---

[5]*Un mot graphique* : est une séquence de caractères arabes délimitée par deux séparateurs (blanc ou autre marqueur se séparation, tel que la ponctuation)

Suite à ces illustrations, l'analyse syntaxique des phrases arabes est difficile par rapport à celle de l'anglais ou le français,...Les problèmes syntaxiques spécifiques à l'arabe limitent considérablement les performances des analyseurs syntaxiques. Ainsi, il n'existe pas encore d'analyseur performant pour l'arabe. Ce défi constitue notre motivation pour la conception et la réalisation d'un analyseur syntaxique automatique de l'arabe. La description de notre méthode fait l'objectif de la suite de ce mémoire.

1.6 Conclusion

Nous avons présenté, dans ce chapitre, une étude de l'existant de l'analyse syntaxique dans le domaine du TALN. Le panorama des travaux existant portant sur l'analyse syntaxique a permis d'établir les différentes approches et méthodes proposées. Ainsi, nous avons distingué deux approches d'analyse : symbolique et statistique. L'approche symbolique se fonde sur la construction de la grammaire. L'écriture de l'ensemble des règles est une mission difficile : elle nécessite des compétences linguistiques et elle demande beaucoup de temps. L'apparition des méthodes d'apprentissage automatique a bouleversé la méthodologie de développement des applications de TALN. En fait, l'approche symbolique a été progressivement mise à l'écart et l'approche numérique a pris le relief. Cette approche s'appuie principalement sur un calcul de probabilités sur des corpus annotés.

Historiquement, les résultats de performance de l'approche symbolique sont pires que ceux de l'approche statistique. De plus, la description des problèmes syntaxiques soulèvent des interrogations concernant l'approche symbolique. Il en résulte que l'approche statistique est la plus appropriée pour garantir la robustesse de notre analyseur syntaxique. Ajoutons également qu'à nos connaissances, l'approche statistique n'a jamais été utilisée pour l'arabe. Nous décidons alors de proposer une méthode statistique pour l'analyse syntaxique de l'arabe.

Chapitre 2

Choix et définition du modèle d'apprentissage

2.1 Introduction

Dans l'étude de l'existant de l'analyse syntaxique, nous avons déjà abordé les différentes méthodes d'apprentissage automatique utilisées.

Dans ce chapitre, nous présentons la manière avec laquelle nous allons choisir la méthode d'apprentissage. Pour ce faire, nous procédons par élimination. Nous comparons, dans un premier temps, les modèles statistiques les plus utilisés pour choisir un modèle d'apprentissage. Nous définissons ensuite le modèle champs aléatoires conditionnels que nous allons tester pour l'analyse syntaxique de l'arabe.

2.2 Méthode générative vs. méthode discriminante

Une première restriction consiste à se concentrer sur les modèles génératifs et les modèles discriminants. Dans cette perspective, nous dressons le tableau comparatif 2.1 entre ces deux types de modèles.

Analyse générative	Analyse discriminante
- L'arbre d'analyse est généré suite à une séquence d'étapes (dérivations).	- L'arbre d'analyse est défini par un ensemble de caractéristiques.
- Chaque étape est modélisée par une distribution de probabilité conditionnelle.	- Chaque caractéristique possède un poids qui détermine son importance.
- La phase d'apprentissage : estimation de ces distributions à partir des données d'apprentissage.	- La phase d'apprentissage : estimation de ces poids de manière à optimiser une mesure de performance.

TABLE 2.1 – Analyse générative vs. Analyse discriminante

Le modèle standard probabiliste d'analyse syntaxique est le modèle génératif. Vu qu'il est facile à entraîner, ce modèle a été fréquemment utilisé et par conséquent très répandu. En dépit de cette diffusion, le modèle discriminant bénéficie de la possibilité d'intégration de nouvelles caractéristiques arbitraires. De plus, il tire profit de la possibilité d'utilisation d'un grand nombre de caractéristiques liées ou pas.

Suite à cette brève comparaison et pour pouvoir fixer le modèle d'apprentissage, nous décidons d'étudier le modèle de Markov caché HMM comme modèle génératif et le modèle de Markov d'entropie maximale MEMM et les champs aléatoires conditionnels CRF comme modèles discriminants.

2.2.1 Modèle de Markov caché HMM

Le modèle de Markov caché HMM [30] est l'un des modèles les plus connus dans l'approche générative. Ils [69] sont des automates finis avec des transitions d'états stochastiques et des observations. Les HMM sont largement utilisés pour l'étiquetage morphosyntaxique, la désambiguïsation syntaxique [50], la reconnaissance des entités nommées,...etc. La figure 2.1 montre un modèle de Markov caché HMM de premier ordre. La couche supérieure décrit les états de la séquence de sortie alors que la couche inférieure montre les nœuds de la séquence d'entrée. Il est à signaler que les nœuds en gris signifient que ces états ne sont pas cachés.

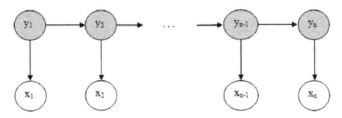

FIGURE 2.1 – Vue du modèle graphique HMM

Comme tout modèle génératif, HMM (figure 2.1) calcule la probabilité conjointe $P(X, Y)$ avec X : la séquence d'entrée et Y : la séquence de sortie. Le calcul de cette probabilité nécessite l'énumération de toutes les observations possibles. Généralement, il fait recours à l'algorithme de Baum-Welch ou l'algorithme Estimation-Maximisation durant la phase d'apprentissage. Et au cours de la phase de prédiction, il utilise l'algorithme de Viterbi.

Dans le cadre de l'analyse syntaxique, HMM a été exploité pour l'anglais [35] en utilisant le corpus WSJ. Antonio Molina et Ferran Pla [58] proposent une analyse syntaxique superficielle pour l'anglais mais avec un HMM spécialisé. Malgré sa diffusion et son application dans divers domaines, le modèle de Markov caché HMM présente des inconvénients à savoir une restriction sur les types de caractéristiques utilisées pour l'apprentissage, une indépendance des éléments de l'observation par rapport aux étiquettes (forte hypothèse d'indépendance). De plus, le problème d'inférence de ce modèle est non traité. Face à ces inconvénients, nous décidons d'ignorer le modèle génératif HMM.

La deuxième approche considère le problème d'étiquetage de séquences comme des problèmes de classification de séquences : un problème par étiquette. Le résultat de classification à chaque position peut dépendre de l'input en entier ou des k-précédentes classifications. L'approche de classification peut gérer plusieurs caractéristiques liées. Nous citons à titre d'exemple l'entropie maximale [52], Support Vector Machine SVM [44], AdaBoost [3],...etc.

Dans ce qui suit, nous présentons un aperçu de l'entropie maximale MEM, du modèle de Markov à entropie maximale MEMM et du modèle champs aléatoires conditionnels CRF.

2.2.2 Modèle d'entropie maximale MEM

Ce modèle consiste à maximiser la log-vraisemblance sur les données d'apprentissage après une satisfaction des différentes contraintes. MEM définit, au cours de la phase d'apprentissage, les modèles de caractéristiques et crée par la suite l'ensemble de caractéristiques via "*greedy algorithm*". Puis, il détermine les poids optimaux des caractéristiques à travers les algorithmes *Generalized Iterative Scaling* [26], ou *Improved Iterative Scaling* [66]. Il utilise, au cours de la phase de prédiction la recherche de Beam ou celle de Viterbi.

Dans le cadre de l'analyse syntaxique, l'entropie maximale a été utilisée pour l'analyse syntaxique superficielle du Chinois [42]. Ratnaparkhi et ses collègues [75] proposent une analyse syntaxique de l'anglais en utilisant le corpus WSJ.

Comme tout modèle, MEM présente des avantages. Nous citons la flexibilité d'intégration de caractéristiques indépendantes aussi bien que dépendantes. Il en résulte une bonne gestion des caractéristiques qui se chevauchent. De plus, le temps d'exécution de l'analyse syntaxique d'une phrase est linéaire en fonction de sa longueur [73]. Néanmoins, l'inconvènient principal de MEM réside dans le fait que l'étiquetage des mots s'effectue séparément sans prendre en considération la probabilité des transitions d'étiquettes voisines.

Afin de tirer profit des modèles HMM et MEM, le modèle de Markov à entropie maximale MEMM apparait comme une combinaison du HMM et du MEM.

2.2.3 Modèle de Markov à entropie maximale MEMM

C'est un modèle de séquence probabiliste conditionnel [52]. Il calcule, comme tout modèle discriminant, la probabilité conditionnelle $P(Y|X)$, avec X : une séquence de mots (l'input) et Y : une séquence d'étiquettes (l'output). MEMM utilise les algorithmes du HMM tels que l'algorithme de Viterbi et l'algorithme de forward-backward. En outre, il utilise la notion de l'entropie maximale pour la définition des caractéristiques et la normalisation des résultats.

La figure 2.2 montre, graphiquement, le modèle de Markov à entropie maximale MEMM. La couche supérieure montre les états de sortie alors que l'autre couche contient le nœuds de la séquence d'entrée. Signalons que les nœuds en gris signifient que ces états ne sont pas cachés, tandis que les nœuds non colorés sont cachés et non générés par le modèle.

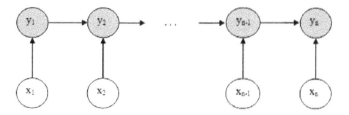

FIGURE 2.2 – Modèle de Markov à entropie maximale MEMM

Par opposition au modèle MEM, la normalisation se fait localement, dans le modèle MEMM (cf. figure 2.2), au sein de chaque état pour chaque observation. Quant à HMM, ce dernier combine la probabilité d'émission et la probabilité de transition en une seule fonction $P(y_i|y_{i-1}, x)$. McCallum et ses collègues [52] proposent un algorithme pour résoudre cette fonction unifiée : comme l'état précédant y_{i-1} est attribué à un ensemble bien défini Y^*, alors $P(y_i|y_{i-1}, x)$ est divisée en |Y| fonctions entrainées séparément, où |Y| est la taille des espaces d'états. Chaque fonction séparée est entrainée en utilisant un modèle exponentiel. Ce dernier effectue le calcul de $P(y_{i+1}|y_i, X_{i+1})$. Il est entrainé par une méthode de redimensionnement itératif appropriée dont le but est de trouver l'entropie maximale de la fonction de transition.

Dans le cadre de l'analyse syntaxique, Kim Sang et Buchholz [76] ont développé un analyseur syntaxique superficiel pour l'anglais à partir du corpus English Penn Treebank et en utilisant MEMM. De même pour Guang-Lu Sun et ses collègues [81] qui ont développé un analyseur syntaxique superficiel pour le Chinois. Les performances de cet analyseur dépassent celles de HMM et MEM.

Malgré ses avantages, le modèle MEMM souffre du problème de l'effet du biais *"libal bias problem"* [15] : ce problème se traduit par le fait que les transitions sortant d'un état donné concurrencent uniquement entre eux, plutôt que entre toutes les autres transitions du modèle ; ce qui signifie en termes probabilistes que les scores de transitions sont des probabilités conditionnelles des états successeurs sachant l'état actuel et la séquence d'observation. En outre, plus le nombre d'états augmente dans le MEMM, plus le problème de sparsité des données devient sérieux. L'effet du biais a été résolu dans la littérature par Leon Bottou [15]. En effet, Bottou propose deux solutions. La première consiste à changer la structure état-transition dans le modèle ce qui assure le déterminisme de ce dernier [57]. Cependant, le déterminisme n'est pas toujours possible et si c'est le cas, il conduit à une explosion combinatoire. Quant à la deuxième solution, elle consiste à commencer par un modèle totalement connecté et laisser la structure d'apprentissage extraire une bonne structure. Mais, cette façon de traitement représente un obstacle pour l'usage des connaissances structurelles qui s'est avéré précieux dans les tâches d'extraction d'information [30], ...etc.

Pour apporter remède à l'effet du biais, un nouveau modèle probabiliste a été proposé. Il est nommé "champs aléatoires conditionnels", pour "*Conditional Random Fields CRF*".

2.2.4 Modèle champs aléatoires conditionnels CRF

Le modèle CRF se situe dans le cadre probabiliste pour l'étiquetage et la segmentation des séquences de données. C'est une forme de modèle graphique non orienté qui définit l'unique distribution log-linéaire sur des séquences d'étiquettes étant donné une séquence d'observation particulière.

Pour définir formellement un modèle CRF, soit X : une variable aléatoire représentant les observations et Y : une variable aléatoire représentant la séquence d'étiquettes avec Y_i appartient à un alphabet fini, sous condition que les distributions des variables aléatoires X et Y soient liées à travers un modèle conditionnel $P(Y|X)$.

La figure 2.3 montre graphiquement le modèle champs aléatoires conditionnels CRF. La couche supérieure montre les états de sortie alors que l'autre couche contient les nœuds de la séquence d'entrée. Signalons que les nœuds en gris signifient que ces états ne sont pas cachés, tandis que les nœuds non colorés sont cachés et non générés par le modèle.

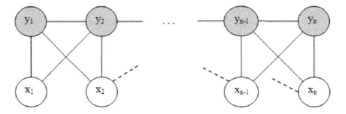

FIGURE 2.3 – Modèle champs aléatoires conditonnels CRF

Hammersley et Clifford [23] citent le théorème fondamental des champs aléatoires qui permet de calculer la probabilité conditionnelle d'une séquence d'étiquettes Y sachant une séquence d'observation X : $P_\lambda(Y|X)$. On peut adopter une annotation matricielle pour faciliter le calcul de probabilité.

Le processus d'apprentissage consiste à l'utilisation des méthodes d'apprentissage pour l'estimation des paramètres λ à partir de l'ensemble d'apprentissage. En effet, cette estimation se base sur la maximisation de la vraisemblance via "*iterative scaling algorithm*" [45] à partir du modèle d'entropie maximale ou à travers les méthodes d'optimisation numérique telles que la méthode à base du gradient par exemple : SGD, pour "*stochastique gradient descent*" [16] ou la méthode L-BFGS [47] ayant toutes les deux une convergence rapide. Quant au processus de prédiction, il se fait avec l'algorithme de Viterbi ou l'algorithme CKY.

Dans une implémentation typique du CRF, une fois les données étiquetées sont disponibles pour l'apprentissage, nous effectuons souvent les tâches suivantes :

- Extraire les caractéristiques à partir des données d'apprentissage.

- Formuler la vraisemblance des données et la maximiser pour obtenir le vecteur de paramètres λ.

- Utiliser les paramètres appris pour effectuer l'extraction des caractéristiques dans les données de test et décoder la meilleure séquence d'étiquettes pour chaque exemple de test.

Le modèle CRF bénéficie des modèles conditionnels dont l'avantage principal consiste à entraîner plusieurs caractéristiques liées, et des modèles génératifs dont le privilège consiste à impliquer des décisions relatives à des différentes positions dans la séquence pour obtenir un étiquetage optimal global. Ce mariage a été justifié par Lafferty et ses collègues [45] sur des données synthétiques et sur la tâche d'étiquetage morphosyntaxique. Un aspect très attractif dans les CRF consiste en la capacité d'implémentation d'algorithmes efficaces pour la sélection et l'induction des caractéristiques. En effet, au lieu de spécifier à l'avance les caractéristiques à utiliser, nous pouvons commencer par des règles de génération de caractéristiques et évaluer par la suite automatiquement le poids des caractéristiques générées sur données. Della Pietra et ses collègues [65] présentent des algorithmes d'induction des caractéristiques. Ces algorithmes peuvent être adaptés pour ajuster les techniques de la programmation dynamique des CRF.

Dans le cadre de l'analyse syntaxique, CRF a été largement utilisé. Nous citons à titre d'exemple Sha et Periera [78] qui utilisent CRF pour faire une analyse syntaxique superficielle de l'anglais permettant de détecter les syntagmes nominaux. De plus, et pour faire de l'analyse syntaxique superficielle du Chinois, Yongmei Tan et ses collègues [83] confirment que CRF améliore les performances de décodage par rapport à HMM.

2.2.5 Comparaison entre HMM, MEMM et CRF

Par opposition aux modèles génératifs qui sont entraînés par la maximisation de la probabilité conjointe des données d'apprentissage, les modèles de classification sont entraînés par la maximisation d'une fonction liée à l'erreur d'étiquetage.

Les champs aléatoires conditionnels CRF résolvent les problèmes liés aux modèles de Markov cachés et aux modèles de Markov à entropie maximale MEMM. En effet, CRF garantit la convergence vers l'optimum global. De plus, il ne nécessite pas la modélisation de $P(X)$ comme dans HMM, c'est-à-dire qu'on n'a pas besoin de représenter l'observation. En outre, CRF permet une combinaison des caractéristiques arbitraires alors que HMM se limite à des types bien particuliers de caractéristiques En plus, CRF résout le problème de l'effet du biais qui apparait dans MEMM. Par opposition à HMM et MEMM, CRF effectue une normalisation sur toute la séquence. Néanmoins, CRF est coûteux par rapport à HMM puisqu'il génère des caractéristiques arbitraires sur la séquence d'observation. De plus, sa convergence est lente par rapport à HMM et MEMM.

La performance des modèles discriminants est généralement supérieure à celle des modèles génératifs. Nous citons dans les tableaux (cf. tableau 2.3, tableau 2.2) les résultats des travaux se rapportant à l'analyse syntaxique de l'anglais et de chinois en utilisant les modèles suivants : HMM, MEM, MEMM et CRF. Pour l'analyse syntaxique de l'anglais, le modèle CRF donne des meilleures performances par rapport aux autres. Alors que pour le chinois, qui est une langue trop riche morphologiquement, les résultats du CRF sont proches de celles des autres modèles.

En guise de conclusion, la comparaison entre les modèles graphiques probabilistes les plus répandus dans les travaux de TALN était un premier pas vers le choix du modèle statistique. Et suite à cette comparaison, le modèle CRF se classe comme le meilleur modèle séquentiel probabiliste : il assure des performances élevées. À ce titre, nous décidons, dans ce travail, d'expérimenter le modèle CRF pour l'analyse syntaxique de la langue arabe.

	HMM	MEM	MEMM	CRF
Mesure F1	54.17%	86.19%	93.70%	94.38%

TABLE 2.2 – Analyse syntaxique de la langue anglaise

	HMM	MEM	MEMM	CRF
Mesure F1	91.13%	91.96%	92.68%	90.38%

TABLE 2.3 – Analyse syntaxique de la langue chinoise

2.3 Champs aléatoires conditionnels

Ce mémoire s'intéresse aux CRF [45], des modèles probabilistes pour l'étiquetage des séquences. Les CRF ont été largement utilisés dans le domaine du TALN et dans le domaine de la bio-informatique.

Dans cette section, nous présentons une étude théorique du modèle CRF. Nous définissons, en premier lieu, la structure graphique du CRF. Puis, nous exposons le processus d'inférence. Et enfin, nous décrivons le déroulement du processus d'encodage et du décodage.

2.3.1 Définition

Le modèle champs aléatoires conditionnels CRF, pour *Conditional Random Fields*, est un modèle probabiliste pour la segmentation et l'étiquetage des données séquentielles. Il est un modèle graphique non orienté. Il définit la distribution de probabilité conditionnelle d'une séquence d'étiquettes Y sachant une séquence d'observation X : il modélise ainsi la probabilité conditionnelle $p(Y|X)$. Nous rapportons, ci-dessous, la définition faite par Lafferty [45].

Définition formelle graphique du CRF

Soit $G = (V, E)$ un graphe non orienté où V dénote l'ensemble des nœuds, E l'ensemble des arrêtes et $Y = (Y_v)_{v \in V}$.

Le couple (X, Y) est champs aléatoire conditionnel, si conditionné en X, les variables Y_v obéissent à la propriété de Markov dans le graphe :

$$p(Y_v|X, Y_\omega, \omega \neq v) = p(Y_v|X, Y_\omega, \omega \sim v)$$

où la notation $\omega \sim v$ signifie que ω et v des voisins dans le graphe.

Commençons par un petit rappel sur la modélisation graphique dont nous distinguons deux types fondamentaux : les modèles orientés et les modèles non orientés. Dans le cadre de ce travail, nous nous intéressons aux modèles graphiques non orientés : le modèle CRF est un parmi plusieurs.

De manière générale, les modèles graphiques représentent une distribution complexe sur plusieurs variables comme étant le produit de facteurs locaux, *local factor*, définis sur des sous-ensembles de variables aléatoires. Ils décrivent, de point de vue graphique, la distribution de probabilité comme étant le produit de facteurs $\psi(.)$ appartenant à une collection déterminée de sous-graphes. Chaque facteur ψ dont la valeur est un scalaire positif dépend uniquement du sous-graphe dont il fait élément. Cette factorisation permet de représenter la distribution de probabilité de manière plus efficace.

Formellement, étant donné une collection de A sous-graphes, le modèle graphique non orienté modélise toute distribution sous la forme (2.1) qui suit la loi factorisée relative aux graphes.

$$P(.) = \frac{1}{Z} \prod_{a=1}^{A} \psi_a(.) \tag{2.1}$$

Étant un modéle discriminant, CRF modélise la probabilité conditionnelle de Y sachant X : $P(Y|X)$. En appliquant le théorème de Hammersley et Clifford [23], cette distribution s'écrit sous la forme :

$$P(Y|X) = \frac{1}{Z(X)} \prod_{c \in C} \psi_c(Y_c, X) \tag{2.2}$$

avec

$$Z(X) = \sum_{Y} \prod_{c \in C} \psi_c(Y_c, X) \tag{2.3}$$

où C est l'ensemble des cliques[1] du graphe G sur Y, Y_c est l'ensemble de valeurs des variables de Y sur la clique c, ψ_c sont des fonctions de potentiels *"potential functions"* sur c et $Z(X)$ est un cœfficient de normalisation, appelé aussi "fonction de partition".

Dans ce type de modèle, nous disposons donc directement d'une formule pour calculer $P(Y|X)$ sans avoir besoin de passer par le calcul de $P(Y,X)|P(X)$. C'est la différence majeure entre les modèles discriminants et les modèles génératifs, ce qui fait que CRF n'a aucune hypothèse sur X, c'est-à-dire il ne modélise pas comment les observations X sont générées.

Pour définir les CRF, Lafferty et ses collègues [45], ont proposé de donner aux fonctions ψ_c la forme d'une somme pondérée des fonctions caractéristiques (cf. équation (2.4))

$$\psi_c(Y_c, X) = exp(\sum_{k}(\lambda_k f_k(Y_c, X, c)) \tag{2.4}$$

où les fonctions f_k sont appelées *"features"* : elles sont définies à l'intérieur de chaque clique c et sont à valeurs réelles, mais elles sont souvent choisies pour être binaire. C'est à travers ces fonctions fournies par l'utilisateur que des ressources ou des connaissances sur le domaine d'étude peuvent être intégrées dans le modèle CRF. Par définition, la valeur d'une fonction caractéristique dépend de la valeur de l'observation X en sa totalité, et non uniquement des éléments appartenant à la clique c. Ceci est impossible à exprimer avec les modèles génératifs tel que HMM.

Théoriquement, la structure du CRF peut être n'importe quel graphe non orienté à condition qu'il obéisse à la propriété de Markov. Pour la tâche d'étiquetage, la structure graphique la plus commune est une chaîne linéaire [86]. Dans ce document, nous utilisons le modèle CRF à chaîne linéaire, où la variable aléatoire $X = (x_1, x_2, \ldots, x_{T-1}, x_T)$ dénote la séquence d'observation (input) dont la longueur est T et $Y = (y_1, y_2, \ldots, y_{T-1}, y_T)$ dénote la séquence d'étiquettes correspondante à X (output) ayant la même longueur T.

Ainsi à partir des équations (2.2) et (2.4), la distribution conditionnelle $P(Y|X)$ d'un modèle CRF sous forme (2.5). Dans un CRF linéaire, chaque clique c est constitué de deux états consécutifs. Par conséquent, le nombre de cliques dans le graphe G est égal à la longueur T de la séquence d'observation X. La distribution s'écrit donc sous la forme de l'équation

---

[1]une clique est un graphe dont les nœuds sont complétement connéctés

(2.6).

$$p(Y|X) = \frac{1}{Z(X)} \prod_{c \in C} exp(\sum_k \lambda_k f_k(y_{t-1}, y_t, X, t)) \qquad (2.5)$$

$$= \frac{1}{Z(X)} \prod_{t=1}^{T} exp(\sum_k \lambda_k f_k(y_{t-1}, y_t, X, t)) \qquad (2.6)$$

où les features $f_k(y_{t-1}, y_t, X, t)$ peuvent être soient des fonctions caractéristiques de transition, soient des fonctions caractéristiques d'état et dans ce cas elles sont équivalentes à $f_k(y_t, X, t)$.

2.3.2 Inférence

Le processus d'inférence décrit les opérations que nous pouvons effectuer sur le modèle graphique pour empêcher les calculs redondants. En pratique, nous avons besoin de l'inférence pour l'apprentissage du modèle graphique sur un ensemble de données et dans l'utilisation du modèle résultant à prédire l'étiquetage le plus probable d'une nouvelle observation.

Généralement, les opérations d'inférence consistent à calculer la fonction de partition et prédire la séquence d'étiquettes Y^* la plus probable correspondante à la séquence d'observation X donnée.

2.3.2.1 Calcul de la fonction de partition

La fonction de partition $Z(X)$ joue un rôle fondamental dans le calcul de la probabilité étant donné qu'elle assure la validité de la probabilité : la somme des probabilités vaut toujours 1.

Le cœfficient de normalisation $Z(X)$ s'écrit sous la sommation sur toutes les séquences d'étiquettes possibles dont le nombre croit exponentiellement avec la longueur de la séquence. Nous considérons dans ce qui suit le cas d'un CRF de premier ordre, où $Z(X)$ est calculé efficacement avec les algorithmes de la programmation dynamique.

Pour calculer la fonction de partition, nous sommons les produits de fonctions de potentiels pour chaque affectation possible à la séquence d'étiquettes Y. Pour plus de commodité, nous supposons un nouveau nœud marquant le début de la séquence à la position $t = 0$ et ayant comme étiquette $y_0 = START$.

Nous voulons calculer

$$Z(X) = \sum_Y \prod_{t=1}^{T} \psi_t(y_{t-1}, y_t, X, t) \qquad (2.7)$$

$$= \sum_Y exp(\sum_{t=1}^{T} \sum_k \lambda_k f_k(y_{t-1}, y_t, x, t)) \qquad (2.8)$$

Le calcul de chaque terme ψ_t dans l'équation (2.7), se répète à chaque changement de y_t, même si le changement de y_t n'affecte pas tous les termes ψ_t au sein d'une seule fonction de potentiel. Pour calculer Z(X), nous pouvons effectuer un passage forward ou un passage backward de l'algorithme forward-backward.

2.3.2.2 Décodage de la séquence d'observation

Dans la phase de décodage, nous voulons prédire les étiquettes pour toute la séquence d'observation X. Théoriquement, nous désirons trouver la séquence de labels la plus probable sachant l'entrée X. Ceci revient à trouver la séquence Y^* qui maximise la probabilité $P(Y|X)$ (équation (2.9)).

$$Y^* = argmax_Y P(Y|X) \qquad (2.9)$$

La méthode la plus connue dans les applications de TALN, pour résoudre l'équation (2.9), consiste à appliquer l'algorithme Viterbi qui nécessite un passage forward et un passage backward, après avoir calculé les fonctions potentiels ψ_t.

2.3.3 Phase d'apprentissage

Soit $D = \{(X^i, Y^i); 1 \le i \le N\}$ un ensemble d'apprentissage de taille N, où chaque exemple est constitué d'une séquence d'entrée X^i et de la séquence d'étiquettes Y^i correspondante.

Les CRF sont génératlement entraînés par maximiser la vraisemblance conditionnelle sur l'ensemble d'apprentissage afin d'estimer le vecteur de poids λ.

2.3.3.1 Calcul de la vraisemblance logarithmique et son gradient

Pour maximiser $P(Y|X)$, nous devons tout d'abord calculer $P(Y|X)$. Pour ce faire, nous travaillons avec la vraisemblance logarithmique plutôt qu'avec la vraisemblance pour des raisons de simplifications mathématiques.

$$\lambda^* = argmax_\lambda \sum_i^N P(Y^i|X^i) \tag{2.10}$$

$$= argmax_\lambda \sum_i^N \frac{1}{Z(X)} \prod_{t=1}^T exp\left(\sum_k \lambda_k f_k\left(y_{t-1}^i, y_t^i, X^i, t\right)\right) \tag{2.11}$$

$$= argmax_\lambda \sum_i^N \frac{1}{Z(X)} exp\left(\sum_{t=1}^T \sum_k \lambda_k f_k\left(y_{t-1}^i, y_t^i, X^i, t\right)\right) \tag{2.12}$$

Nous appliquons le logarithmique dans l'équation (2.12) pour obtenir la log-vraisemblance suivante :

$$l = \sum_i^N \ln P(Y^i|X^i) \tag{2.13}$$

$$= \sum_i^N (\sum_{t=1}^T \sum_k \lambda_k f_k\left(y_{t-1}^i, y_t^i, X^i, t\right) - \ln Z(X)) \tag{2.14}$$

Pour effectuer l'optimisation de l'équation (2.14), nous cherchons les racines du gradient de la log-vraisemblance. Le calcul du gradient de la fonction objectif constitue la façon standard pour estimer les paramètres du modèle CRF. Les dérivées partielles de la log-vraisemblance sont les suivantes :

$$\nabla l = \frac{\partial}{\partial \lambda_i} \sum_i^N \ln P(Y^i|X^i) \tag{2.15}$$

$$= \frac{\partial}{\partial \lambda_i} \sum_i^N (\sum_{t=1}^T \sum_k \lambda_k f_k\left(y_{t-1}^i, y_t^i, X^i, t\right) - \ln Z(X^i)) \tag{2.16}$$

$$= \sum_i^N \sum_t^T f_k\left(y_{t-1}^i, y_t^i, X^i, t\right) - \sum_i^N \sum_t^T E_{y'}\left[f_k\left(y_{t-1}', y_t', X, t\right)\right] \tag{2.17}$$

$$= \sum_i^N \sum_t^T f_k\left(y_{t-1}, y_t, X^i, t\right) - \sum_i^N \sum_t^T P(y_{t-1}', y_t'|X^i) f_k\left(y_{t-1}', y_t', X^i, t\right) \tag{2.18}$$

L'équation (2.18) est la différence entre le nombre de fonctions caractèristiques observées et le nombre de fonction caractèristiques attendues *model expectation*. Lorsque ces deux membres sont égaux, le gradient de la fonction objectif s'annule, et par suite nous trouvons les paramètres λ optimaux.

Généralement, l'ajout d'un terme de régularisation à la fonction objectif (2.14) permet d'éviter le problème de sur-apprentissage qui peut survenir lors de la phase d'estimation des paramètres du modèle CRF. Nous distinguons principalement deux types de régularisation : $L1$ et $L2$. Le premier type utilise la norme 1, c'est à dire la valeur absolue, de λ. Alors que le deuxième utilise la norme 2 de λ. Nous adoptons, dans ce travail, la régularisation $L2$. En effet, l'approche la plus commune pour l'estimation des paramètres du modèle CRF consiste à ajouter le terme de pénalisation $L2$ à la fonction objectif qui est mentionnée dans l'équation (2.14)).

2.3.3.2 Techniques d'estimation des paramètres

Les fonctions objectifs , avec un terme de régularisation ou non, sont des fonctions convexes. D'où, l'existence d'un optimum global est garanti. En général, l'optimisation de telles fonctions se fait grâce aux techniques dites *Iterative Scaling algorithms*, qui sont utilisées avec l'apparition des modèles CRF. Nous citons parmi ces algorithmes : *Generalized Iterative Scaling algorithm* GIS [27], *Improved Iterative Scaling algorithm* IIS [10]. De plus, les membres de la communauté de TALN ont fait recours à des mèthodes d'optimisation numèrique telles que *Conjugate Gradient* CG [68], *Stochastic Gradient Descent* SGD [85], L-BRGS [48]..., etc. Dans le présent document, nous travaillons avec L-BFGS.

2.4 Conclusion

Nous avons comparé, dans ce chapitre, les différentes méthodes de la littérature utilisées pour faire statistiquement l'analyse syntaxique. L'approche discriminante a régi la comparaison grâce à son avantage primordial qui permet l'intégration de fonctions caractéristiques qui dépendent l'une de l'autre et se chevauchent. Le modèle discriminant CRF résout le problème de l'effet de biais qui existait dans le modèle MEMM. Nous avons décidé alors d'expérimenter le modèle CRF pour l'analyse syntaxique de l'arabe. Nous avons élaboré par la suite une description détaillée du modèle CRF. Pour ce faire, nous avons défini tout d'abord le modèle. Puis, nous avons présenté la phase d'apprentissage dite aussi phase d'estimation des paramètres, et la phase de décodage.

Nous présenterons, dans le chapitre suivant, la méthode que nous proposons pour faire l'analyse syntaxique de l'arabe.

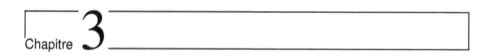

Chapitre 3

Architecture et description du système

3.1 Introduction

L'objectif de ce travail est de mettre en place un analyseur syntaxique statistique pour l'arabe. Suite à l'étude de l'existant, nous décidons d'expérimenter la méthode CRF pour l'arabe. Nous implémentons donc l'analyseur SPA, pour *"Statistical Parser for Arabic"*.

Dans ce chapitre, nous présentons une vue générale du système SPA. Nous détaillons par la suite, les différents modules composants cet analyseur.

3.2 Vue générale de l'analyseur

Le système SPA est formé de 4 modules fondamentaux (cf. figure 3.1) : un module pour la translittération, un autre pour la segmentation, un troisième pour l'analyse syntaxique et un dernier pour faire l'affichage du résultat sous plusieurs formats. Expliquons brièvement chacun de ces modules :

- La **translittération** est définie par la transcription lettre par lettre un mot d'un alphabet dans un autre alphabet. Des standards de normalisation ont été fixés pour assurer la stabilité des graphies obtenues. Nous utilisons la translittération vu que le corpus ATB a été écrit en respectant une translittération particulière. D'où l'importance de translittérer l'input de notre système SPA qui est une phrase écrite en arabe standard.

- La **segmentation** sert à identifier les différents tokens de l'input X. En effet, la tâche d'analyse syntaxique consiste à associer une étiquette à chaque unité de X. En terme de granularité, cette unité varie entre token, mot, et suite de mots. D'où l'importance de séparer les différents tokens de X.

- L'**analyse syntaxique** représente le cœur du système SPA. Ce module sert à identifier les constituants de la phrase d'entrée. L'analyse syntaxique s'effectue de manière itérative. En effet, ce processus itératif est justifié par l'hiérarchie en cascade des sous modules constituant le module d'analyse syntaxique.

- L'**affichage** permet d'afficher la structure syntaxique de l'input sous différentes formes.

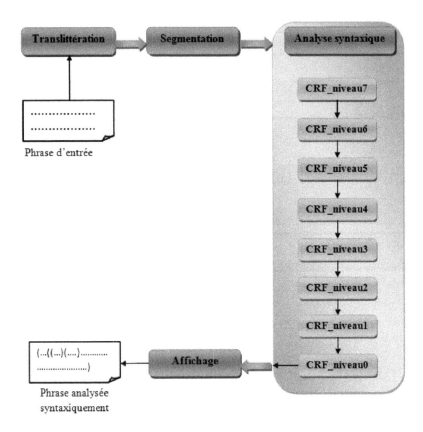

FIGURE 3.1 – Architecture de SPA

3.3 Description détaillée de l'architecture de l'analyseur

Nous décrivons, dans cette section, les différents modules constituant l'analyseur SPA. Cette description suit l'ordre d'exécution des modules : nous commençons par le module de translittération. Nous passons ensuite au module de segmentation. Puis, nous appliquons le module d'analyse syntaxique. Et finalement, nous exécutons le module d'affichage.

3.3.1 Translittération

La translittération [9] de l'arabe standard suit les choix standards d'encodage pour la représentation des caractères arabes par l'ordinateur. Ces encodages, tels que CP1256, ISO-8859 et Unicode, assurent la stabilité des graphiques obtenus comme ils sont des standards de normalisation. Ils considèrent les symboles de diacritisation comme des lettres séparées. La translittération de Buckwalter a été utilisée dans plusieurs ressources de TALN. Parmi ces ressources, nous citons le corpus ATB que nous utilisons dans ce document. Cette translittération est stricte, vu qu'elle translate caractère par caractère. Néamoins, elle n'est pas facile à lire [34]. De plus, elle ne représente pas les signes de ponctuation (. ، : ؛ ؟ !). Étant donné que nous travaillons avec l'ATB qui a été annoté en respectant la translittération de Buckwalter, nous adoptons le même type de translittération, c'est-à-dire celle de Buckwalter.

3.3.2 Segmentation

Dans la plupart des tâches d'analyse linguistique d'une phrase, il est nécessaire de définir clairement les composants des mots constituant la phrase. La segmentation demeure une étape fondamentale dans le TALN, elle permet de distinguer les unités de base pour les tâches d'étiquetage morphosyntaxique et d'analyse syntaxique. En effet, la segmentation, connue par le terme *tokenization*, est le processus d'éclater une séquence de caractères en localisant les limites des tokens : la fin d'un token signifie le début d'un autre.

Étant lié à la morphologie [19], ce processus est un problème dont la résolution n'est pas triviale. Il devient de plus en plus compliqué pour l'arabe qui est une langue riche morphologiquement. En fait, la segmentation est fortement liée à la langue : elle ne s'effectue pas de la même façon pour toutes les langues. Prenons par exemple les langues française ou anglaise dont les tokens sont, dans la plupart des cas, reconnaissables par des séparateurs simples (espace et ponctuation) existant dans la phrase. Ceci n'est pas faisable pour l'arabe vu que nous pouvons avoir une phrase constituée, dans sa totalité, d'un seul mot telle que la phrase آستتذكرونّها, traduite en français par "est-ce que vous allez vous souvenir d'elle". De plus, l'utilisation facultative des voyelles constitue une originalité de la langue arabe. En effet, les voyelles sont utiles pour distinguer entre les mots ayant la même représentation graphique. Nous citons, à titre d'exemple, le mot فهم qui peut être soit le token فَهِمَ soit le mot فَهُم qui est formé par deux tokens : la conjonction de coordination "فَ" et le pronom personnel "هُم".

Malgré son importance, la voyellation n'est utilisée que dans le Coran et les livres de l'enseignement primaire. Elle est pratiquement absente dans les articles de presse et les romans contemporains. Ce qui est le cas pour le corpus ATB que nous utilisons pour l'apprentissage. Ce qui justifie la supposition de la non-voyellation, c'est-à-dire la phrase que nous voulons segmenter est non voyellée.

Une segmentation par espace résulte en un ensemble de mots. Chaque mot peut être un unique token ou bien formé par plusieurs tokens. Donc, une étude des mots arabes parait nécessaire. En effet, un mot arabe peut être constitué d'un stemme (ou une racine), ainsi que des affixes et des cliques. Les affixes incluent les marqueurs inflectionnels de temps, genre/nombre : nous distinguons les préfixes (ce qui précède la racine) et les suffixes (ce qui suit la racine). Les cliques incluent quelques uns, et non tous, préposition, conjonction, déterminant et pronoms. Quelques uns sont proclitiques (attachés au début du stemme) et d'autres enclitiques (attachés à la fin du stemme). Considérons, par exemple, le mot " فأَخذنَاهم". Nous détaillons ses différents segments dans le tableau 3.1.

	Enclitique	Affixe + Stemme	Proclitique
Arabe	هم	أخذنَا	ف
Translittération	hm	akhdhnA	fa

TABLE 3.1 – Les différents segments du mot فأَخذنَاهم

22

Pour l'arabe, l'ensemble de proclitiques possibles sont des prépositions (

لك, ل, ب), des conjonctions (ف, و) ou déterminant (أل). L'ordre des proclitiques est important : conjonction (si elle existe), puis préposition (si elle existe) et déterminant (s'il existe).

L'ensemble des enclitiques possibles comprennent les pronoms. Nous distinguons les pronoms possessifs (ou génitifs) agglutinés aux noms et les pronoms objects agglutinés aux verbes. En arabe, un mot ne peut contenir qu'un seul enclitique et qu'un ou plusieurs proclitiques. Particulièrement, un nom peut être formé par conjouction, article, racine et pronom possessif. Alors qu'un verbe peut être constitué conjonction, racine et pronom objet.

Suite à ce survol sur la segmentation de la langue arabe, nous signalons que cette tâche dépend fortement du corpus utilisé. En effet, les différents tokens d'un mot arabe diffère d'une annotation à une autre. Dans le corpus ATB, nous constatons que le déterminant أل n'est pas séparé du token auquel il est agglutiné. Ce qui signifie que nous devons suivre le style de segmentation utilisé dans le corpus d'apprentissage. Pour les autres cliques, l'ATB adapte la manière dont nous avons décrit ci-dessus. Pour ce faire, nous faisons recours au segmenteur *Stanford Word Segmenter*[1]. Implémenté en java, ce système traite l'arabe et le chinois. Il utilise le modèle CRF pour l'apprentissage. Il segmente une phrase selon le standard de l'ATB [33]. Le choix de ce segmenteur est justifié par le fait qu'il utilise ATB pour l'apprentissage, le même corpus que nous utilisons pour l'analyse syntaxique. De plus, il a entraîné un modèle CRF : le même modèle statistique que nous utilisons pour l'analyse syntaxique de l'arabe. Ce qui signifie que notre système SPA est purement basé sur le modèle CRF.

3.3.3 Analyse syntaxique

Le module d'analyse syntaxique constitue le cœur de notre système. Le but de ce module est de déterminer les différents constituants de la phrase et les relations qui existent entre eux. En fait, l'entrée de cette unité constitue en une séquence de tokens translittérés formant une phrase. Un processus d'étiquetage s'établit : un label est associé à chaque token, ce label précise la catégorie grammaticale (morphosyntaxique et syntaxique) du token correspondant. Ainsi, la sortie de ce module est la structure syntaxique de la phrase.

Nous décrivons, dans ce qui suit, le cadre de travail de l'analyse syntaxique utilisé, tout en détaillant les composants de ce module. Le processus d'analyse syntaxique est conceptuellement simple. L'analyseur effectue, en premier lieu, l'étiquetage morphosyntaxique au niveau 7 : il prédit les étiquettes morphosyntaxiques associées aux différents tokens. Puis, il réalise le chunking au niveau 6 et par conséquent, il identifie les chunks basiques. Par la suite, l'analyseur effectue une cascade de chunkings (niveaux 5, 4, 3, 2, et 1). À chaque niveau, il détermine, s'il existe les chunks intégrant ceux du niveau inférieur dans l'arbre syntaxique. Et finalement, l'analyseur précise le type de la phrase au niveau 0.

Pour plus d'explication, nous appliquons le processus de SPA sur la phrase d'entrée (1).

كل يوم يدخل الغرفة حيث يري مَا كتبه البعض.　　　　　(1)　　　L'en-

trée du module d'analyse syntaxique (cf. figure 3.1) est une séquence de tokens translittérés. Ainsi, nous obtenons suite à la segmentation de la phrase (1) la séquence de tokens (2).

[1] http ://nlp.stanford.edu/downloads/segmenter.shtml

kl ywm >dxl * Algrfp Hyv >rY * mA ktb h *T* AlbED *T* .   (2)   Comme

le montre la figure 3.1, les unités formant le module d'analyse syntaxique du système SPA sont nommées sous la forme *CRF_niveauN* avec *CRF* reflète le modèle d'apprentissage utilisé dans l'analyseur, et *niveauN* reflète le niveau N dans l'arbre syntaxique de l'input.

Dans l'architecture de SPA (figure 3.1), le module d'analyse syntaxique commence avec le sous module nommé *CRF_niveau7* : *CRF* nous oriente sur le modèle utilisé pour l'apprentissage et le décodage, *niveau7* signifie le niveau 7 dans l'arbre syntaxique que nous voudrons obtenir. Ce sous module représente l'étiquetage morphosyntaxique de l'input. C'est-à-dire, il prédit les labels morphosyntaxiques associés aux différents tokens de l'input. La figure 3.2 montre le résultat de ce sous module pour la phrase (2).

Suite à l'étiquetage morphosyntaxique, nous exécutons le sous module *CRF_niveau6* qui traduit le chunking basique. *CRF_niveau6* prend en entrée la sortie du sous module *CRF_niveau7*, et fournit en sortie la représentation BIO (Begin Inside Outside) de chunks correspondants aux tokens. Il devine les nœuds du niveau 6 dans l'arbre syntaxique. Nous visualisons son résultat avec la figure 3.5. Par la suite, une cascade de chunking s'effectue. Nous exécutons les sous modules *CRF_niveau5*, *CRF_niveau4*, *CRF_niveau3*, *CRF_niveau2* et *CRF_niveau1*, dans cet ordre. Ils traduisent les niveaux 5, 4, 3, 2 et 1 dans l'arbre syntaxique correspondant. Cette série de sous modules nous permet de déterminer, s'il existe, les chunks intègrant ceux du niveau précédent. Ce mécanisme traduit, en quelques sorte, la récursivité au sein d'une règle de grammaire (par exemple : NP –> NP ADJP).

Les figures 3.4, 3.3, 3.6, 3.7 et 3.8 représentent respectivement la sortie des sous modules *CRF_niveau5*, *CRF_niveau4*, *CRF_niveau3*, *CRF_niveau2* et *CRF_niveau1* pour l'input (2). Il est à signaler que la sortie d'un sous module représente l'entrée du sous module suivant. Et finalement, nous exécutons le sous module CRF_niveau0. Le but de cette exécution est de prédire la racine de l'arbre syntaxique. En fait, nous prédisons le type de la phrase que nous venons d'analyser. La figure 3.9 montre l'output de ce sous module.

Toutes les sorties de ces sous modules sont les résultats de décodage à base des modèles CRF déjà entrainés. Autrement dit, leurs exécutions nécessitent l'existence des différents modèles. Ces modèles ont eu lieu suite à une phase d'apprentissage que nous avons déjà effectuée. Nous détaillons l'étape d'apprentissage dans la section 3.4, tout en décrivant les opérations de prétraitement de corpus et précisant les fonctions caractèristiques utilisées.

3.3.4 Affichage

C'est le dernier module dans l'architecture de l'analyseur syntaxique. Il permet de visualiser le résultat d'analyse sous plusieurs formes. Une première forme consiste en une structure parenthésée de la phrase d'entrée. Cette structure débute par une parenthèse ouvrante, suivie par une étiquette précisant le type de la phrase. Ce label est suivi par les différents chunks figurant dans la phrase.Cette structure se termine par une parenthèse fermante. Chaque chunk est délimité par deux parenthèses ouvrante et fermante. La deuxième forme consiste à mettre l'accent sur l'arborescence avec la structure XML. Nous générons le fichier XML correspodant à la phrase d'entrée. Et la troisième forme consiste en arbe. Elle traduit l'arbre syntaxique de la phrase avec ses niveaux.

kd	NOUN
ywm	NOUN
>dxl	IV
*	-NONE-
Algrfp	DET+NOUN
Hyv	REL_ADV
>rY	IV
*	-NONE-
mA	REL_PRON
ktb	PV
h	PV
T	-NONE-
AlbED	DET+NOUN
T	-NONE-
.	PUNC

FIGURE 3.2 – Sortie du sous module CRF_niveau7

kd	NOUN	B_NP	O		O
ywm	NOUN	B_NP	I_NP		O
>dxl	IV	B_VP	O	.	O
*	-NONE-	B_NP	I_VP		O
Algrfp	DET+NOUN	B_NP	B_NP		
Hyv	REL_ADV	B_WHADVP	B_S		I_NP
>rY	IV	B_VP	B_S		I_S
*	-NONE-	B_NP	I_VP		I_S
mA	REL_PRON	B_WHNP	B_S		I_VP
ktb	PV	B_VP	B_S	I_S	
h	PV	B_NP	B_NP	I_VP	
T	-NONE-	B_NP	I_NP	I_VP	
AlbED	DET+NOUN	B_NP	I_VP	I_S	
T	-NONE-	B_ADVP	I_VP	I_S	
.	PUNC	O	O	O	

FIGURE 3.3 – Sortie du sous module CRF_niveau4

kd	NOUN	B_NP	O	
ywm	NOUN	B_NP	I_NP	
>dxl	IV	B_VP	O	
*	-NONE-	B_NP	I_VP	
Algrfp	DET+NOUN	B_NP	B_NP	
Hyv	REL_ADV	B_WHADVP	B_S	
>rY	IV	B_VP	B_S	
*	-NONE-	B_NP	I_VP	
mA	REL_PRON	B_WHNP	B_S	
ktb	PV	B_VP	B_S	
h	PV	B_NP	B_NP	
T	-NONE-	B_NP	I_NP	
AlbED	DET+NOUN	B_NP	I_VP	
T	-NONE-	B_ADVP	I_VP	
.	PUNC	O	O	

FIGURE 3.4 – Sortie du sous module CRF_niveau5

kd	NOUN	B_NP
ywm	NOUN	B_NP
>dxl	IV	B_VP
*	-NONE-	B_NP
Algrfp	DET+NOUN	B_NP
Hyv	REL_ADV	B_WHADVP
>rY	IV	B_VP
*	-NONE-	B_NP
mA	REL_PRON	B_WHNP
ktb	PV	B_VP
h	PV	B_NP
T	-NONE-	B_NP
AlbED	DET+NOUN	B_NP
T	-NONE-	B_ADVP
.	PUNC	O

FIGURE 3.5 – Sortie du sous module CRF_niveau6

kd	NOUN	B_NP	O	O	O
ywm	NOUN	B_NP	I_NP	O	O
>dxl	IV	B_VP	O	O	O
*	-NONE-	B_NP	I_VP	O	O
Algrfp	DET+NOUN	B_NP	B_NP	I_VP	O
Hyv	REL_ADV	B_WHADVP	B_S	I_NP	I_VP
>rY	IV	B_VP	B_S	I_S	I_NP
*	-NONE-	B_NP	I_VP	I_S	I_S
mA	REL_PRON	B_WHNP	B_S	I_VP	I_S
ktb	PV	B_VP	B_S	I_S	I_VP
h	PV	B_NP	B_NP	I_VP	I_S
T	-NONE-	B_NP	I_NP	I_VP	I_S
AlbED	DET+NOUN	B_NP	I_VP	I_S	I_S
T	-NONE-	B_ADVP	I_VP	I_S	I_S
.	PUNC	O	O	O	O

FIGURE 3.6 – Sortie du sous module CRF_niveau3

kl	NOUN	B_NP	O	O	O	O	
ywm	NOUN	B_NP	I_NP	O	O	O	
>dxl	IV	B_VP	O	O	O	O	
*	-NONE-	B_NP	I_VP	O	O	O	
Algrfp	DET+NOUN	B_NP	B_NP	I_VP	O	O	
Hyv	REL_ADV	B_WHADVP	B_S	I_NP	I_VP	O	
>rY	IV	B_VP	B_S	I_S	I_NP	I_VP	
*	-NONE-	B_NP	I_VP	I_S	I_S	I_NP	
mA	REL_PRON	B_WHNP	B_S	I_VP	I_S	I_S	I_S
ktb	PV	B_VP	B_S	I_S	I_VP	I_S	
h	PV	B_NP	B_NP	I_VP	I_S	I_S	
T	-NONE-	B_NP	I_NP	I_VP	I_S	I_S	
AlbED	DET+NOUN	B_NP	I_VP	I_S	I_S	I_VP	
T	-NONE-	B_ADVP	I_VP	I_S	I_S	I_NP	
.	PUNC	O	O	O	O	O	

FIGURE 3.7 – Sortie du sous module CRF_niveau2

kl	NOUN	B_NP	O	O	O	O	O	
ywm	NOUN	B_NP	I_NP	O	O	O	O	
>dxl	IV	B_VP	O	O	O	O	O	
*	-NONE-	B_NP	I_VP	O	O	O	O	
Algrfp	DET+NOUN	B_NP	B_NP	I_VP	O	O	O	
Hyv	REL_ADV	B_WHADVP	B_S	I_NP	I_VP	O	O	
>rY	IV	B_VP	B_S	I_S	I_NP	I_VP	O	
*	-NONE-	B_NP	I_VP	I_S	I_S	I_NP	I_VP	
mA	REL_PRON	B_WHNP	B_S	I_VP	I_S	I_S	I_NP
ktb	PV	B_VP	B_S	I_S	I_VP	I_S	I_S	
h	PV	B_NP	B_NP	I_VP	I_S	I_S	I_VP	
T	-NONE-	B_NP	I_NP	I_VP	I_S	I_S	I_VP	
AlbED	DET+NOUN	B_NP	I_VP	I_S	I_S	I_VP	I_S
T	-NONE-	B_ADVP	I_VP	I_S	I_S	I_NP	I_VP	
.	PUNC	O	O	O	O	O	O	

FIGURE 3.8 – Sortie du sous module CRF_niveau1

3.4 Apprentissage

Nous nous intéressons, dans cette section, à la phase d'apprentissage. Autrement dit, nous répondons à la question se rapportant à l'origine des modèles utilisés dans le module d'analyse syntaxique pour le décodage.

Le décodage d'une phrase nécessite l'existence d'un modèle. Ce dernier provient suite à une étape d'apprentissage. Nous entraînons des modèles CRF pour tous les niveaux syntaxiques. Pour ce faire, il fallait fixer un corpus d'apprentissage et des fonctions caractèristiques.

3.4.1 Corpus d'apprentissage

Comme toute méthode basée sur l'apprentissage automatique, l'existence d'un corpus représente une nécessité pour faire l'entraînement. Bref, il constitue la source et la référence pour apprendre.

Dans ce travail, nous avons utilisé le corpus *Arabic Treebank* ATB de *LDC*, comme une base d'apprentissage. Une étape de prétraitement était nécessaire avant l'entraînement des différents modèles. Au cours de cette étape, nous avons filtré l'ATB

```
kl       NOUN      B_NP    O       O       O       O       O       B_S
ywm      NOUN      B_NP    I_NP    O       O       O       O       I_S
>dd      IV        B_VP    O       O       O       O       O       I_S
*        -NONE-    B_NP    I_VP    O       O       O       O       I_S
Algrfp   DET+NOUN  B_NP    B_NP    I_VP    O       O       O       I_S
Hyv      REL_ADV   BWHADVP B_S     I_NP    I_VP    O       O       I_S
>rY      IV        B_VP    B_S     I_S     I_NP    I_VP    O       I_S
*        -NONE-    B_NP    I_VP    I_S     I_S     I_NP    I_VP    I_S
mA       REL_PRON  B_WHNP  B_S     I_VP    I_S     I_S     I_S     I_NP    I_S
ktb      PV        B_VP    B_S     I_S     I_VP    I_S     I_S     I_S
h        PV        B_NP    B_NP    I_VP    I_S     I_S     I_VP    I_S
*T*      -NONE-    B_NP    I_NP    I_VP    I_S     I_S     I_VP    I_S
AlbED    DET+NOUN  B_NP    I_VP    I_S     I_S     I_VP    I_S     I_S
*T*      -NONE-    B_ADVP          I_VP    I_S     I_S     I_NP    I_VP    I_S
.        PUNC      O       O       O       O       O       O       I_S
```

FIGURE 3.9 – Sortie du sous module CRF_niveau0

pour obtenir 8 corpus qui correspondent aux 8 niveaux syntaxiques. Nous avons, aussi bien, réduit le nombre d'étiquettes à apprendre et à prédire, dans le but de s'éloigner d'une compléxité énorme. Nous avons appliqué la représentation BIO qui permet d'utiliser le modèle CRF linéaire.

Notre objectif, est d'apprendre les modèles afin de les utiliser pour prédire les étiquettes morphosyntaxiques et syntaxiques correspondant aux tokens de l'input de l'analyseur SPA.

Le mécanisme d'obtention des différents modèles CRF est détaillé dans la figure 3.10.

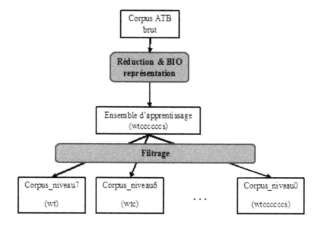

FIGURE 3.10 – Mécanisme de prétraitement de l'ATB

1. **BIO représentation**

   La tâche de chunking revient à une tâche d'étiquetage séquentiel, en utilisant la représentation BIO. Cette dernière est le type de représentation fondamentale pour les chunks. Elle a été introduite par Ramshow et Marcus [71]. Cette

28

méthode utilise trois symboles pour la représentation :

- B (Begin) :le token courant se situe au début du chunk.

- I (Inside) :le token courant se trouve à l'intérieur du chunk.

- O (Outside) : le token courant n'appartient à aucun chunk.

Comme déjà déclaré dans le chapitre précédent, le cadre de ce mémoire consiste à expérimenter le modèle CRF pour l'analyse syntaxique de l'arabe. Et plus précisément, nous nous sommes intéressés au modèle CRF linéaire. L'application de ce type de modèle justifie l'utilisation de la représentation BIO pour l'encodage du corpus. En effet, en adoptant la représentation BIO, la tâche du chunking consiste simplement en attribution des étiquettes appropriées. Ce qui signifie que le chunking revient à une tâche d'étiquetage. Bref, la représentation BIO nous a permis d'utiliser le modèle CRF linéaire pour effectuer le chunking.

L'appplication de la représentation BIO est nécessaire pour l'encodage du corpus. Elle constitue un pont de passage du corpus ATB brut au corpus de travail, une traversée entre structures complexes et structures simples, bref une passerelle entre les structures parenthèsées et structures non parenthèsées. En effet, nous avons appliqué ce type de représentation sur l'ATB, et plus précisément, sur le fichier contenant les phrases sous forme de structures prenthèsées.

Suite à l'application d'un script, nous obtenons la phrase sous une forme non parenthèsée. Chaque ligne du corpus du travail comporte un seul token et les différents étiquettes correspondantes. En effet, la première colonne, dans la figure 3.9, représente les tokens constituants la phrase. La deuxième englobe les étiquettes morphosyntaxiques correspondantes. La troisième colonne désigne la représentation BIO des chunks de base (ils constituent les éléments de l'analyse syntaxique superficielle, connue sous le nom *shallow parsing*). Les colonnes 4, 5, 6, 7 et 8 traduisent une cascade de chunks. Et la dernière colonne définit la représentation BI du type de la phrase.

2. **Réduction**

L'ATB est constitué de 12628 phrases annotées extraites à partir de 599 articles distincts à partir du journal libanais *AnNahar*. Il englobe 32453 tokens différents, 499 étiquettes morphosyntaxiques, 607 chunks et 40 types de phrases. Des tentatives d'apprentissage ont été essayées avec ces étiquettes du corpus ATB brut. Mais, un blocage de l'ordinateur a été signalé face à une insuffisance de mémoire. Nous prenons décision d'éviter ce problème de blocage en faisant recours à une réduction des étiquettes. Pour des raisons pratiques, nous avons réduit le nombre initial des labels. Ayant le but d'éviter l'explosion combinatoire de calcul, cette réduction consiste à se limiter à 47 étiquettes morphosyntaxiques, 18 chunks et 16 types de phrases (cf. annexe A).

3. **Filtrage**

L'objectif du filtrage est d'apprendre les niveaux dans l'arbre syntaxique indépendamment de tous les autres niveaux.

Suite à une étude du corpus ATB, nous avons constaté que le plus long arbre syntaxique est de hauteur 8. D'où l'idée de procéder par une analyse syntaxique par niveau. Ce qui signifie que nous avons besoin de 8 corpus dont chacun est spécifique à un niveau bien précis. Pour ce faire, nous avons fait recours à la procédure de filtrage. Cette dernière consiste à filtrer le corpus brut ATB. Nous avons obtenu autant da corpus d'apprentissage que de niveaux syntaxiques (ils sont au nombre de 8).

Pour ce faire, nous sommes partis des phrases sous forme de structure parenthèsée. Chaque parenthèse ouvrante traduit un nouvel niveau dans l'arbre syntaxique correspondante. Ainsi, nous obtenons les corpus pour les différents niveaux syntaxiques en partant du niveau 0 jusqu'à le niveau 7. Le corpus_ niveau7 sert à apprendre et décoder les étiquettes morphosyntaxiques des différents tokens. Il est constitué du token w suivi par le POS tag t correspondant. Le corpus_ niveau6 représente le corpus d'apprentissage pour le niveau 6 dans l'arbre syntaxique. Il sert à apprendre et à deviner les chunks basiques constituants la phrase. Il est formé par token w , suivi par POS tag t, suivi par la représentation BIO du chunk c correspondant.

Les corpus_ niveau5, corpus_ niveau4, corpus_ niveau3, corpus_ niveau2 et corpus_ niveau1 jouent le rôle de corpus d'apprentissage pour les niveaux 5, 4, 3, 2 et 1 respectivement. Chaque corpus_ niveau n est formé par token w, suivi par POS tag t, suivi par la représentation BIO du chunk basique c correspondant, suivi par $6 - n$ colonnes, chacune représente la représentation BIO d'un chunk c s'il existe.

Et finalement, le corpus_ niveau0 sert à apprendre et décoder le type de la phrase : il correspond à la racine de l'arbre syntaxique correspondante.

3.4.2 Fonctions caratéristiques

Les fonctions caractéristiques, connues par *"features"*, reflètent les connaissances du champs d'application. Dans le cadre de ce travail, elles traduisent les connaissances syntaxiques de la langue arabe. Bref, elles reflètent les règles de grammaire de l'arabe.

À chaque corpus_ niveau$i$, $0 \leq i \leq 7$, nous associons un patron de fonctions caractéristiques, comme le montre le tableau 3.2.

	Symbole unigramme	Symbole multigramme
Niveau 7	ω_{-1}, ω_0	
Niveau 6	ω_{-1}, ω_0 t_{-1}, t_0	$\omega_0 t_0$
Niveau n $1 \leq n \leq 5$	ω_{-1}, ω_0 t_{-1}, t_0 $c_{-1}^{(k)}, c_0^{(k)}; \forall 1 \leq k \leq 6 - n$	$\omega_0 t_0 c_0^{(k)}; \forall 1 \leq k \leq 6 - n$
Niveau 0	$\omega_{-1}, \omega_0, \omega_1$ t_{-1}, t_0, t_1 $c_{-1}^{(k)}, c_0^{(k)}, c_1^{(k)}; \forall 1 \leq k \leq 6 - n$	$\omega_0 t_0 c_0^{(1)} c_0^{(2)}$

TABLE 3.2 – Patrons Unigramme de fonctions caractéristiques utilisées dans l'analyseur syntaxique SPA : w représente le token, t représente le label morphosyntaxique et c présente la représentation BIO du chunk

Le corpus_ niveau$i$ et le patron de features servent à appprendre un modèle CRF_niveau$i$, comme le montre la figure 3.11.

En réalité, la génération des fonctions caractéristiques résulte d'une confrontation entre le patron de fonctions caracté- ristiques et l'ensemble d'apprentissage. Ces features sont de type unigramme et bigramme. Le tableau 3.2 montre les patrons unigramme utilisés pour l'apprentissage des différents niveaux syntaxiques. Pour l'étiquetage morphosyntaxique (niveau 7), nous avons utilisé le token actuel et précédent comme fonctions caractèristiques. Les features de type uni-

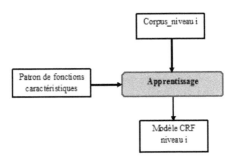

FIGURE 3.11 – Obtension de modèle CRF pour les différents niveaux syntaxiques

gramme pour le chunking basique (niveau 6) consistent en tokens actuel et précident, leurs étiquettes morphosyntaxiques correspondantes et les combinaisons formées par le token actuel et le label morphosyntaxique correspondant. Les fonctions caractéristiques du niveau n, $\forall n, 1 \leq n \leq 5$, consistent en tokens actuel et précident, étiquettes morphosyntaxiques actuelle et précidente, la représentation BIO de chunk actuel et précédent, anisi qu'une concaténation du token, label et chunk actuels. Il y en a de même pour le niveau 0.

Pour le type bigramme, les fonctions caractéristiques sont des combinaisons des unigrammes.

3.5 Conclusion

Dans ce chapitre, nous avons présenté l'architecture de l'analyseur syntaxique SPA. Elle comporte quatre modules principales : translittération, segmentation, analyse syntaxique et affichage. En ce qui concerne la translittération, nous avons adopté celle de Buckwalter vu qu'elle a été utilisée pour l'annotation du corpus ATB. Alors que pour la segmentation, nous avons utilisé le segmenteur[2] "Stanford Word Segmenter". L'utilisation de ce système est justifiée par le fait qu'il segmente un texte donné selon la standard segmentation appliquée dans le corpus ATB que nous utilisons dans notre système SPA. Pour le module d'analyse syntaxique, il constitue le cœur de notre système. Il comporte huit sous modules : CRF_niveau7 pour l'étiquetage morphosyntaxique, CRF_niveau6 pour le chunking basique, les sous modules CRF_niveau5, CRF_niveau4, CRF_niveau3, CRF_niveau2 et CRF_niveau1 qui traduisent une cascade de chunking, et le sous module CRF_niveau0 pour prédire le type de la phrase. Alors que le module affichage permet de bien structurer la sortie du module analyse syntaxique. En effet, il nous permet de visualiser l'output soit sous forme d'une structure parenthèsée, une structure XML ou un arbre syntaxique.

Une étape de réduction des étiquettes morphosyntaxiques et syntaxiques du corpus ATB était nécessaire pour pouvoir apprendre les modèles CRF. Nous avons fait recours à cette réduction pour s'échapper du problème du blocage de l'ordinateur lors de l'apprentissage.

---

[2]http ://nlp.stanford.edu/software/segmenter.shtml

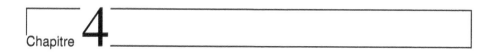

Chapitre 4

Réalisation et expérimentation du système SPA

4.1 Introduction

Dans ce chapitre, nous allons présenter l'implémentation de notre méthode proposée pour l'analyse syntaxique de la langue arabe de point de vue langage de programmation, outil d'implémentation et interfaces graphiques. Nous allons rapporter et discuter les résultats de performance du système SPA.

4.2 Réalisation de l'analyseur syntaxique SPA

Cette section est consacrée à la réalisation de l'analyseur SPA. Nous citons, tout d'abord, les langages de programmation utilisés. Ensuite, nous dénotons les différents outils d'implémentation de CRF. Et enfin, nous décrivons quelques interfaces graphiques de notre système.

4.2.1 Langages de programmation

Pour la réalisation de l'analyseur SPA, nous avons utilisé le langage de programmation java à travers l'environnement de développement Eclipse 3.7.

Pour le prétraitement du corpus ATB, nous avons utilisé des scripts perl, comme perl est conçu pour une manipulation facile des textes via les expressions régulières.

- **Perl :** c'est un langage trés riche et puissant. Il est trés utile dans nombreuses situations : bases de données, programmation réseau et principalement manipulation des textes structurés (mail, logs, génétique). La prise en main des expressions régulières facilite énormément la tâche de manipulation de texte. Dans notre cas, nous avons exécuté des scripts perl pour le prétraitement du corpus brut ATB (sous forme de structures parenthèsées) : l'étape de réduction de nombre d'étiquettes, celle de représentation BIO de chunk et l'étape de filtrage de corpus d'apprentissage. Bref, perl nous a servi pour obtenir les différents corpus afin d'entraîner les modèles CRF.

- **Java :** c'est le langage orienté objet le plus répandu dans le monde de la programmation informatique. Il est caractérisé par une plateforme qui garantit la portabilité du java. En effet, il suffit qu'un système d'exploitation ait une machine virtuelle JVM pour que tout programme java puisse fonctionner. Java possède l'atout de pouvoir exécuter n'importe quel programme écrit en C, C++, ... à partir d'un programme java, via la notion de runtime. Pour programmer en java, nous faisons recours à l'environnement de développement Eclipse qui est un logiciel libre, facile à installer et à utiliser.

4.2.2 Présentation de quelques outils d'implémentation du modèle CRF

Le succés du modèle champs aléatoires conditionnels a conduit à la mise en œuvre de plusieurs implémentations de CRF, parmi les quels nous citons : le package de Sunita Sarawagi, la boite à outils Mallet, Wapiti et CRF++. Nous décrivons dans la suite chacune de ces implémentations.

1. **Package CRF de Sunita :** c'est une implémentation java du modèle champs aléatoires conditionnels, développé par Sunita Sarawagi, pour l'étiquetage séquentiel. Cette implémentation peut être considérée comme efficace puisqu'elle se base sur des opérations sur des matrices creuses et des méthodes d'optimisation numérique de Newton telle que LBFGS. En plus du package noyau CRF, cette implémentation contient d'autres classes pour la génération de fonctions caractéristiques, la gestion de structure du modèle, ...etc.

2. **Mallet :** est un package java dédié pour des applications du TALN : classification documentaire, extraction d'information et d'autres applications d'apprentissage automatique. Mallet inclue des outils pour l'étiquetage séquentiel. Le modèle champs aléatoires conditionnels a été implémenté. Pour l'obtention de modèle aussi sophistiqué, Mallet contient une implémentation efficace de la méthode d'optimisation numèrique LBFGS.

3. **Wapiti :** est une boîte à outils, développée par LIMSI-CNRS, dédiée pour la segmentation et l'étiquetage des séquences en se basant sur des modèles discriminants tels que MEMM et CRF. Elle propose plusieurs méthodes d'optimisation (LBFGS, OWL-QN, SGD,) et de régularisation (L1, L2, ...etc) pour améliorer la performance de prédiction et réduire la compléxité. Wapiti utilise une vesion étendue de l'outil CRF++ pour la génération de fonctions caractéristiques.

4. **CRF++ :** est une boîte à outils développée par Taku Kudo, dédiée pour plusieurs appliqations du TALN. Elle est implémentée en C++. CRF++ est caractérisé par un apprentissage facile et rapide basé sur l'algorithme LBFGS pour les problèmes d'optimisation numérique à large échelle. Avec CRF++, l'utilisateur peut redéfinir facilement l'ensemble des fonctions caractéristiques. Il propose des méthodes de régularisation, à savoir L1 et L2, afin d'éviter le problème de sur-apprentissage.

Wapiti et CRF++ sont deux outils efficaces pour l'exécution du modèle CRF. Chacun de ces outils a ses avantages et ses inconvénients. Nous avons utilisé la boîte à outils CRF++ et plus pécisément l'algorithme d'optimisation numèrique LBFGS. La fonction objectif est pénalisée par l'ajout d'un terme de régularisation de type L2. Cette fonction est convexe, ce qui assure la convergence vers l'optimum global. De plus, LBFGS n'est pas gormand en espace mémoire. La recherche des paramètres optimaux se procède par itèrations. À chaque itèration, se fait une recherche des valeurs de paramètres λ_i qui optimisent la fonction objectif. Ainsi, le vecteur $\lambda = (\lambda_1, \lambda_2, ..., \lambda_n)$ est mis à jour.

Le choix de la boîte à outils CRF++ est justifié par :

- Integration facile des fonctions caractéristiques.

- Utilisation et manipulation triviales de CRF++

- Application pour plusieurs langues (anglais, chinois, ...etc).

4.2.3 Description de la boite à outils CRF++

CRF++ est une implémentation du champs aléatoires conditionnels pour l'étiquetege des séquences de données. Il a été appliqué pour plusieurs tâches de TALN telles que la reconnaissance des entités nommées, extraction d'information et chunking.

La figure (4.1) montre le mécanisme de la boîte à outils CRF++. La disposition d'un corpus d'apprentissage est nécessaire

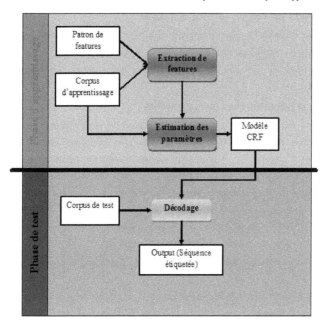

FIGURE 4.1 – Description de l'architecture de la boite à outils CRF++

pour apprendre un modèle. Ce corpus doit être écrit dans un format particulier. En fait, ce fichier est organisé en (nombre fixe) colonnes séparées par espace. Chaque ligne contient le token, différentes informations (qui nous aideront par la suite dans la prédiction) et la dernière colonne traduit la classse des étiquettes que nous voulons apprendre. Une séquence de tokens forme une phrase. Et les différentes phrases sont séparées par une ligne vide.

En plus du corpus d'apprentissage, la définition d'un patron (template) de fonctions caractéristiques est nécessaire pour l'obtention du modèle CRF. Nous pouvons spécifier des patrons unigrammes et bigrammes.

En ce qui concerne les patrons unigrammes, un macro spécifie la position relative du token courant et la position absolue de la colonne. Donc, les unigrammes sont décrits par un macro ou une combinaison de macros. Alors que pour les bigrammes, ce type de patrons est une combinaison de l'étiquette output courante et l'étiquette output précédente. Ces patrons bigrammes sont générées automatiquement.

Suite à la préparation du corpus d'apprentissage et du patron de fonctions caractéristiques, la phase d'apprentissage débute par une lecture des exemples d'apprentisage et une confrontation de ces derniers avec le patron de *features* afin d'extraire les fonctions caractéristiques. L'encodage se fait via l'algorithme itératif LBFGS, et à chaque itération, CRF++ cherche à maximiser la vaisemblance afin de deviner les paramètres optimaux du modèle CRF. Cette boîte à outils met à la disposition de l'utilisateur deux algorithmes de régularisation afin d'éviter le problème de sur-apprentissage. Elle spécifie par défaut la régularisation de type $L2$. Cependant, l'utilisateur peut modifier le type de régularisation en $L1$.

Lors de la phase de décodage, CRF++ fournit en sortie la séquence d'étiquettes la plus probable. Il permet, aussi de générer les N-meilleures sorties.

4.3 Présentation de l'analyseur syntaxique SPA

Dans cette section, nous présentons l'interface de notre système SPA qui nous permet de bénificier des modèles CRF déjà entraînés afin de décoder une nouvelle phrase et donner sa structure syntaxique.

Notre système est divisé en deux processus : le premier est le processus d'apprentissage et le deuxième est celui de décodage d'une phrase.

4.3.1 Interfaces et fonctionnement du système SPA

Afin d'assurer l'ergonomie de l'analyseur syntaxique SPA, nous avons mis en considèration, lors de la conception du système, les critères de qualité des interfaces à savoir utilité et utilisabilité. Pour interagir avec notre système, nous avons mis à la disposition de l'utilisateur des interfaces qui lui permettent d'accomplir ses tâches.

De point de vue utilité, l'interface principale du logiciel assure les fonctionnalités de réalisation de la tâche assignée à l'utilisateur de SPA. En effet, elle gartantit une réponce facile et triviale aux besoins de la tâche.

De point de vue utilisabilité, nous avons essayé de garantir une adéquation des moyens fournis par l'interface avec le profil cognitif et capacitif de l'utilisateur. En effet, l'utilisateur du système SPA trouve son interface facile à apprendre et à utiliser : il atteind ses objectifs d'une manière efficace, fiable et satisfaisante.

Nous allons détailler, dans la suite, le contenu des interfaces du système SPA tout en mentionnant ses differentes fonctionnalités.

Le menu principale du système (figure 4.2) donne à l'utilisateur la possibilité de choisir l'une des commandes pour exécuter la tâche demandée. Il est composé de :

- **Fichier** : il permet d'ouvrir le fichier contenant la phrase que l'utilisateur veut analyser et la charger dans le box spécifié, et de quitter l'application.

- **Apprentissage** : ce menu permet de séléctionner le niveau syntaxique et le corpus d'apprentissage correspondant et puis lancer le processus d'apprentissage.

- **Analyse syntaxique** : il permet de prédire la structure syntaxique de l'input en lançant le processus de décodage.

- **Visualisation** : ce menu permet de bien structurer le résultat d'analyse syntaxique. Il peut visualiser l'output sous forme d'une structure parenthèsée, une structure XML ou bien une structure arborescente.

- **Aide** : il contient plus de détails à propos notre système SPA.

FIGURE 4.2 – Commandes du menu

Pour bien démarrer avec le système SPA, nous devrions suivre une démarche précise. En effet afin de donner une analyse syntaxique de n'importe quelle phrase arabe, nous devons suivre les étapes suivantes :

- A) Charger la phrase que nous voulons analyser syntaxiquement.

- B) Dans le cas où l'utilisateur dispose d'un corpus d'apprentissage propre à lui et qu'il veut tester, nous devons exécuter tout d'abord la procédure d'apprentissage du système à savoir :

  1. Séléction du niveau syntaxique.

  2. Séléction de l'ensemble d'apprentissage valable pour le niveau déjà choisi.

  3. Application de l'algorithme d'apprentissage pour générer le modèle CRF correspondant au niveau et au corpus choisis.

  Néamoins, des modèles CRF déjà entraînés sur le corpus de référence ATB existent.

- C) Analyse syntaxique de la phrase input en suivant le processus de décodage.

- D) Visualisation de la sortie.

4.3.1.1 Chargement de la phrase à analyser

L'étape de chargement de l'input (figure 4.3) peut se faire de deux manières différentes :

- Taper directement l'input dans la zone spécifique.

- Identifier le fichier source contenant la phrase que nous voulons analyser et sélectionner cette dernière.

Signalons que le système traite toutes les formes de fichiers, encodés en UTF-8, contenant des phrases arabes. Rappelons que l'utilisateur de l'analyseur SPA prend en main le chargement de la phrase qu'il veut analyser, comme le montre la figure 4.3.

4.3.1.2 Processus d'apprentissage

Au démarrage du système, et si l'utilisateur dispose d'un corpus d'apprentissage propre à lui et qu'il veut entraîner avec, il doit préciser, tout d'abord, le niveau syntaxique et fournir, ensuite, l'ensemble d'apprentissage correspondant au niveau déjà choisi. Et finalement, l'utilisateur lance le processus d'apprentissage. La figure 4.4 montre l'interface d'apprentissage.

4.3.1.3 Processus d'analyse syntaxique

Avant d'entammer le décodage, un processus de segmentation et translittération se lance en interne. La sortie de ce mécanisme est les tokens translittérés constituant l'input du système, en se basant sur la translittération du Buckwalter et le segmenteur de Standford[1].

Le processus de décodage est réalisé en exécutant les programmes d'analyse syntaxique commançant par l'étiquetage morphosyntaxique au niveau 7. Puis, l'utilisateur lance les programmes niveau 6, ..., niveau 0, dans l'ordre. L'exécution de chacun de ces programmes nécessite l'existence d'un modèle CRF. Le système SPA dispose des modèles CRF, entraînés sur le corpus ATB, pour tous les niveaux syntaxiques. Et ainsi, nous terminons le processus d'analyse syntaxique.

---

[1]http ://nlp.stanford.edu/software/segmenter.shtml

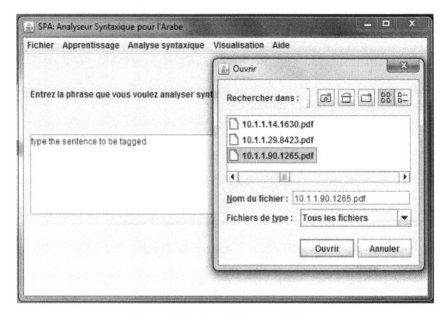

FIGURE 4.3 – Interface de chargement de l'input

4.3.1.4 Visualisation de la sortie

Cette étape consiste à bien structurer la sortie de l'analyseur SPA. Elle permet de visualiser l'output soit sous forme d'une structure parenthèsée , une structure XML où bien une structure arborescente (arbre syntaxique de l'input). La figure 4.6 montre l'interface de visualisation.

Aprés avoir présenté notre analyseur syntaxique SPA, nous passons maintenant à mesurer les performances du système.

4.4 Evaluation du système SPA

Nous allons évaluer, dans cette section, notre analyseur SPA. Ce dernier a été exécuté sur un micro-ordinateur Toshiba avec un processeur Intel Dual Core, une fréquence d'horloge 1.6GHz et une RAM de 2GO. Il est à signaler que les mesures de performances rapportées ici, sont sous l'hypothèse d'une segmentation parfaite. Nous terminerons par une discussion qui portera sur les résultats obtenus tout en mettant l'accent sur les avantages et les inconvénients de notre méthode.

4.4.1 Mesures d'évaluation du système SPA

Les mesures de performance utilisées sont l'exactitude, la précision, le rappel et la mesure F1. Commençons par rappeler les formules de ces mesures :

- Exactitude (accuracy) : elle traduit le porcentage des étiquettes correctement associées.

$$Exactitude = \frac{card(etiquettes\_associees\_correctement)}{card(tokens)}$$

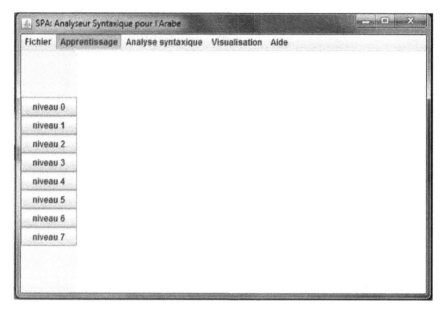

FIGURE 4.4 – Interface décrivant le processus d'apprentissage

- Précision (precision) : elle mesure la proportion des labels que le système prédit correctement.

$$Prècision = \frac{card(etiquettes\_correctes)}{card(etiquettes\_prédites\_par\_le\_systeme)}$$

- Rappel (recall) : elle calcule la proportion des étiquettes correctement prédites.

$$Rappel = \frac{card(etiquettes\_correctes)}{card(etiquettes\_dans\_le\_corpus\_de\_test)}$$

- Mesure F1 (F1-measure) :elle perment de pondérer l'importance de chacun des mesures de rappel et précision.

$$MesureF1 = \frac{2 \times Precision \times Rappel}{Precision + Rappel}$$

4.4.2 Expérimentations et résultats de performance de l'analyseur SPA

Pour calculer les mesures de performance déjà citées, nous avons adapté le script conlleval[2].

Commençons, tout d'abord, par rapporter quelques statistiques sur le corpus ATB que nous avons utilisé pour l'apprentissage et le test des différents modèles CRF.

L'ATB est constitué de 12628 phrases annotées extraites des journaux arabes ANNAHAR écrits en arabe standard. Il comporte 32453 tokens. Nous avons divisé l'ATB en deux ensembles. l'ensemble d'apprentissage est constitué de 10103 formant 80% du corpus ATB. Et le reste constitue l'ensemble d'apprentissage qui englobe 2525 phrases.

---

[2]http ://www.cnts.ua.ac.be/conll2000/chunking/output.html

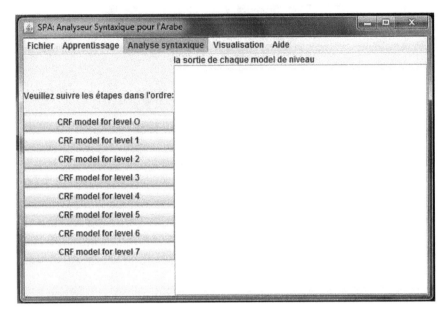

FIGURE 4.5 – Processus d'analyse syntaxique

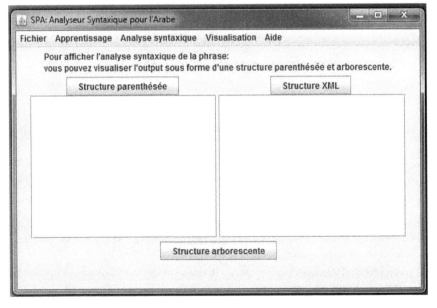

FIGURE 4.6 – Interface de visualisation de l'output du système SPA

Le tableau 4.1 montre le pourcentage des tokens connus (c'est-à-dire les tokens que nous avons vu au cours de la phase d'apprentissage) et celui des tokens inconnus (se sont les nouveaux tokens pour l'analyseur syntaxique).

% tokens connus	% tokens inconnus
73.5%	26.5%

TABLE 4.1 – Pourcentage des tokens connus et incunnus dans l'ensemble de test

Comme notre système effectue par niveau l'analyse syntaxique, les résultats de performance de SPA sont calculés par niveau syntaxique. Le tableau 4.2 montre les mesures de performance du système SPA. Les niveaux 7 (étiquetage morphosyntaxique) et 6 (chunking basique) ont atteint des mesures F1 élevées, elles valent respectivement 92.08% et 90.24%.

	Exactitude	Précision	Rappel	Mesure F1
Niveau 7	94.70%	92.08%	92.08%	92.08%
Niveau 6	91.80%	90.96%	89.53%	90.24%
Niveau 5	79.92%	69.86%	64.74%	67.20%
Niveau 4	84.27%	66.68%	61.45%	63.96%
Niveau 3	86.05%	68.42%	63.86%	66.06%
Niveau 2	87.78%	69.77%	66.64%	68.17%
Niveau 1	88.42%	67.40%	63.98%	65.65%
Niveau 0	89.40%	63.76%	49.22%	55.56%

TABLE 4.2 – Résultats des expérimentations de SPA sur l'ATB

Les performances des autres niveaux sont comprises entre 55.5% et 68.5%.

4.4.3 Discussion des performances du système SPA

Dans l'architecture de notre analyseur syntaxique SPA, les étiquettes sont réparties sur tous les niveaux avec des occurrences différentes. Cette dispersion de labels justifie partiellement les résultats obtenus dans les niveaux 0, 1, ..., 5. En examinant les mesures $F1$ et les nombres d'occurrence des labels dans le corpus d'apprentissage, nous constatons que l'obtention de performance élevée est fortement liée à un cardinal important de labels. Nous pouvons déduire, donc, que plus le nombre d'occurrence de chunks est grand, plus le modèle est déterministe dans sa prédiction. Prenons par exemple, la mesure F1 du label NP (tableau 4.3) qui atteint 90.09% au niveau 6, avec un nombre d'apparition égal à 238487 dans le corpus d'apprentissage. Alors que, dans le niveau 1, cette étiquette apparât 22483 fois dans l'ensemble d'apprentissage. Cette différence importante dans le nombre d'occurrence de l'étiquette NP est suivie par la chute remarquable de sa mesure F1 dans le niveau 1 : elle vaut 48.53%. Il y en a de même pour l'étiquette NAC (tableau 4.3) : son nombre d'occurrence dans le niveau 1 est trés supérieur à celui du niveau 6 (1615 vs 593), d'où les mesures F1 sont 70.31% pour niveau 1 et 39.37% pour nineau 6.

Ainsi, nous déduisons que l'obtention d'une mesure F1 élevée pour un chunk est étroitement liée à la persistance de ce chunk dans le corpus d'apprentissage avec un nombre d'occurrence grand.

Néamoins, le modèle peut aussi être déterministe même avec un nombre d'occurrence petit, dans le cas où il n'ya pas d'ambiguïté. Nous citons par exemple le label X (tableau 4.4) qui, figurant 33 fois dans l'ensemble d'apprentissage au niveau 0, atteint une mesure F1 de 90.91%.

Chunk	Niveau 6		Niveau 3		Niveau 1	
	Mesure F1	# apprentis-sage	Mesure F1	# apprentis-sage	Mesure F1	# apprentis-sage
NP	90.09%	238487	53.42%	94448	48.53%	22483
NAC	39.83%	593	69.77%	912	70.31%	1615

TABLE 4.3 – Comparaison entre les mesures F1 de quelques chunks en fonction de leurs nombres d'occurrence

L'obtention des performances du tableau 4.2 revient à l'hypothèse d'indépendance entre les niveaux. En effet, la pré-

	Mesure F1	# dans le corpus de test	# dans le corpus d'apprentissage
S	59.55%	2198	8557
UCP	7.33%	33	87
VP	0.00%	1	1
X	90.91%	6	33

TABLE 4.4 – Résultats par chunks des éxpérimentations de SPA sur l'ATB au niveau 0

cision du chunking dépend fortement de la précision du chunking du niveau inférieur dans l'arbre. Il s'en suit de telles performances.

De plus, le fait que les modèles CRF sont en cascade pose le problème de propagation de l'erreur d'un niveau inférieur à un niveau superieur.

Vu que les tâches d'étiquetage morphosyntaxique et de chunking sont largement étudiés. Nous comparons, tout d'abord, les performances de ces tâches pour l'arabe et l'anglais.

Le tableau 4.5 décrit les différentes mesures obtenues par notre système SPA et par des travaux précédents traitant la

	Travaux	Mesure F1
Etiquetage morphosyntaxique	Lafferty et ses collègues [45]	94.45%
	SPA	92.02%
Chunking	Sha et Pereira [78]	94.38%
	SPA	90.24%

TABLE 4.5 – Comparaison des performances du système SPA avec des travaux précédents

langue anglaise.

Ayant utilisé le même modèle CRF, nous constatons que la mesure F1 de SPA est proche de celle rapportée par Lafferty, pour la tâche d'étiquetage morphosyntaxique. Nous apprécierons le modèle CRF pour le POS tagging de l'arabe qui est une langue riche morphologiquement, or ce n'est pas le cas pour l'anglais.

En ce qui concerne la tâche de chunking basique, Sha et Pereira ont utilisé le modèle CRF pour l'anglais, et ils ont obtenu 94.38% comme mesure F1. Alors que pour l'arabe, notre système SPA atteint 90.24%.

4.5 Conclusion

Dans ce chapitre, nous avons présenté tout d'abord les différentes interfaces du système SPA : le fruit de ce travail. Ensuite, nous avons introduit les mesures standards utilisées pour l'évaluation des analyseurs syntaxiques. Nous avons présenté les résultats d'expérimentation de notre analyseur SPA. Ce chapitre s'est achevé par une discussion des résultats d'évaluation obtenus. Nous avons expliqué les mesures F1 de l'analyseur syntaxique SPA. Ces mesures sont élevées pour l'étiquetage morphosyntaxique et le chunking basique. Elles sont comprises entre 55.56% et 68.17% pour les autres niveaux.

Conclusion et Perspectives

Nous avons présenté à travers ce document, la tâche d'analyse syntaxique pour la langue arabe dans le domaine du TALN. Tout d'abord, nous avons présenté, dans l'étude de l'existant, les différentes approches (symbolique et statistique) d'analyse syntaxique tout en mentionnant les modèles utilisés pour la formaliser.

Vu l'avantage de l'approche statistique par rapport à celle symbolique, nous décidons de travailler dans le cadre de l'approche statistique dont nous distinguons principalement les modèles HMM, MEMM et CRF. L'étude de ces trois modèles statistiques, répandus dans le monde de TALN, a constitué le point de départ pour le choix du modèle. Les études théoriques ont montré le succès du modèle discriminant CRF, par rapport aux modèles HMM et MEMM. Et sur le coté pratique, les performances de l'application du modèle CRF pour le chinois et l'anglais sont meilleures que celles issues des modèles HMM et MEMM. Ainsi, nous avons opté pour le modèle CRF comme modèle d'apprentissage pour la langue arabe.

Techniquement, nous avons implémenté l'analyseur syntaxique *Statistical Parser for Arabic*, rébaptisé SPA. À nos connaissances, notre système SPA est le premier analyseur syntaxique statistique pour l'arabe.

Notre système SPA est composé de quatre modules principaux : *segmentation* pour délimiter le différents tokens constituant l'input, *translitération*, *analyse syntaxique* pour détérminer la structure syntaxique de l'input et *affichage* pour visualiser l'ouput sous forme de structure plate parenthèsée, structure XML ou structure arborescente.

Le module d'analyse syntaxique constitue le cœur de notre système. Notre approche d'analyse consiste à faire une analyse par niveau, en commençant du niveau 7 de l'arbre syntaxique jusqu'au niveau 0. En effet, étant donné les tokens translitérés, SPA prédit premièrement les étiquettes morphosyntaxiques au niveau 7. Par la suite, il prédit les différents chunks des niveaux 6, 5, 4, 3, 2 et 1 dans cet ordre. Et finalement, il prédit le type de la phrase au niveau 0 qui correspond à la racine de l'arbre syntaxique.

Une évaluation de la méthode proposée est faite à travers l'évaluation du système SPA qui l'implémente. Ses résultats de performance semblent promoteurs. En effet, les mesures F1 valent 92.08% et 90.24% pour l'étiquetage morphosyntaxique et le chunking basique respectivement. Elles sont comprises entre 55.56% et 68.17% pour les autres niveaux.

Face au problème de blocage de l'ordinateur dû à une insuffisance de mèmoire, une perspective d'amélioration de notre analyseur syntaxique SPA consiste à ajouter d'autres patrons de fonctions caractéristiques à savoir les trigrammes. En effet, nous avons uniquement utilisé, dans ce travail, des *features* de type unigrammes et bigrammes. Dans le but d'une amélioration envisageable de SPA, une autre perspective réside dans l'évolution des performances locales, c'est-à-dire la progression des performances de chaque niveau dans l'arbre syntaxique. Pour ce faire, nous pouvons nous inspirer du travail Sha et Pereira [78]. Mais, il y aurait un problème de compléxité vu qu'ils travaillent avec un modèle CRF de deusième ordre

Un autre horizon d'amélioration des performances de l'analyseur SPA consiste à utiliser une forêt d'analyse syntaxique en appliquant les N-meilleures sorties à chaque niveau et choisir l'arbre ayant le score le plus élevé dans cette forêt [74]. Cette vision n'est pas difficile puisque nous pouvons étendre notre analyseur à produire telle forêt.

Une autre réfléxion consiste à opter pour une approche hybride d'analyse syntaxique. Nous pouvons proposer une méthode d'analyse qui se base sur les approches symbolique et statistique au même temps. Ces deux approches peuvent se faire en parallèle ou en série (signifie que la sortie d'une approche est la sortie de l'autre).

Nous pouvons également étendre la méthode d'analyse proposée pour traiter des textes entiers et ce en ajoutant une étape de segmentation de texte en phrases.

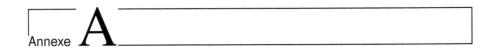

Annexe A

Liste des étiquettes utilisées dans l'analyseur SPA

Liste des types de phrases utilisés et leurs significations

Etiquette	Description
FRAG	Fragment de phrase, utilisé généralement pour des titres, ...
S	Phrase
NP	Syntagme nominal
X	Suite de caractères ne faisant pas partie de la langue arabe
PP	Syntagme prépositionnel
SBARQ	Question commançant par des mots WH tels que : لِمَاذَا, مَاذَا
SQ	Question introduite par les deux particules d'interrogation أ et هَل
WHADVP	Groupe adverbial introduit par un mot wh
UCP	Expression contrairement coordonnée
PRN	parenthétique
SBAR	proposition subordonnée relative
INTJ	Interjection
VP	Syntagme verbal
ADJP	Syntagme adjectival
WHNP	Groupe nominal introduit par un mot wh
LST	liste

Liste des chunks utilisés et leurs significations

Etiquette	Description
NP	Groupe nominal
PP	Groupe prépositionel
S	Phrase déclarative
VP	Groupe verbal
WHNP	Groupe nominal introduit avec un mot wh
PRT	Particule
ADJP	Groupe adjectival
ADVP	Groupe adverbial
PRN	Parenthétique اعْتَرْضِي
NAC	Not a constituant, introduit avec la conjonction و
FRAG	Fragment de phrase
LST	Liste
CONJP	Constituant qui commence par une conjonction
UCP	Expression contrairement coordonnée
WHADVP	Groupe adverbial qui commence par un mot wh
INTJ	Interjection
WHPP	Groupe prépositionnel introduit par un mot wh
X	Erreur

Liste des étiquettes morphosyntaxiques utilisées et leurs significations

Etiquette	Description
NOUN	Nom (650, جُندِيًا، فيليبيين، بعثة، سيّاف)
ADJ	Adjectif (أُمِيرْكيًا)
PREP	Préposition (من، لِ، في، بِ)
DET+NOUN	Déterminant agglutiné à un nom (اليوم)
PUNC	Signes de ponctuation (.، "، ،، :، ?، !)
SUB_CONJ	Subordination de conjonction (إ، لو، مَّا)
PV	Verbe au présent فعل في المُضَارِع
-NONE-	Catégorie vide
DET+ADJ	Déterminant suivi d'un adjectif
REL_PRON	Pronom relatif (الذ، مَن، ...)
FUT_PART	particule marquant le futur (سوف، سَ)
IV	Verbe à l'impératif
POSS_PRON	Pronom posséssif (h، هم، هَا، هُمَا، ي)
PRON	Pronom (هو، هي، هَا، ه)
CONJ	Conjonction (أَو، و، فَ)
DEM_PRON	Pronom démonstratif (هذا، هذه، ...)
VERB_PART	Particule لَكد et كد placé avant le verbe
REL_ADV	Adverbe relatif (كيف، متى، حيث، لِماذ، اين)
NEG_PART	Particule de négation (لَا)
PSEUDO_VERB	ان و اخَوَاتِها

Liste des étiquettes morphosyntaxiques utilisées et leurs significations (Suite 1)

Etiquette	Description
ABBREV	Abbréviation (… ,ف, س, و)
DET	Déterminant (ال)
ADV	Adverbe (ثمة ,هنَاك, هنَا ,فقط)
VOC_PART	(أيها, يَا)
FOCUS_PART	(امَا)
CONNEC_PART	Particule فَ
RC_PART	لَ ,فَ
VERB	Verbe
TYPO	erreur typographique
PART	Particule
CV	Verbe à l'imprératif
RESTRIC_PART	Particule de restriction الّا
JUS_PART	Particule pour la justification لِ
INTERROG_PART	Particule interrogative (هل, أ)
INTERROG_ADV	Adverbe interrogatif (لِمَا ,أين ,متِي ,لِماذَا ,كيف)
INTERROG_PRON	Pronom interrogatif (متِي ,كيف ,اين ,لِماذَا)
INTERJ	Interjection (RLklxxA, إعم ,أجل)
EMPHATIC_PART	لَ

49

Liste des étiquettes morphosyntaxiques utilisées et leurs significations (Suite 2)

GRAMMAR_PROBLEM	Problème syntaxique
FOREIGN	Suite de caractères étrangère pour l'arabe ريجي
DIALECT	suite de caractères faisant partie du dialècte بس .يلخًا
DET+FOREIGN	Déterminant agglutiné à une suite de caractères étrangère الريجي
DET+TYPO	Déterminant agglutiné à une erreur typographique
LATIN	Suite de caractères latin
DET+DIALECT	Déterminant agglutiné à une suite de caractères faisant partie du dialecte

Bibliographie

[1] Asma Ben Abacha and Pierre Zweigenbaum. Means : une approche sémantique pour la recherche de réponses aux questions médicales. *Traitement automatique des langues, in press*, 2014.

[2] S Abney. Partial parsing via finite-state cascades. *Journal of Natural Language Engineering*, Vol.2, n°4 :337–344, 1996.

[3] S Abney, R E Schapire, and Y Singer. Boosting applied to tagging and pp attachment. *Proceedings of the 1999 Joint SIGDAT Conference on Empirical Methods in Natural Language Processing and Very Large Corpora (EMNLP-VLC 1999)*, 1999.

[4] A Andrews. *Functional closure in LFG*. Technical report, The Austrilian National University, 1990.

[5] S Aït-Mokthar and J Chanod. Incremental finite-state parsing. *Actes de ANLP-97, Washington*, 1997.

[6] J K Baker. Trainable grammars for speech recognition. *97th Meeting of the Acoustical Society of America*, page 547550, 1979.

[7] J M Balfourier, P Blache, M L Guénot, and T Vanrullen. Comparaison de trois analyseurs symboliques dans une tâche d'annotation syntaxique. *Actes de TALN2005 - Workshop EASY, Dourdan, France*, 2005.

[8] Y Bar-Hillel. A quasi-arithmetical notation for syntactic description. *Language*, pages 47–58, 1953.

[9] Kenneth R. Beesley. Arabic morphological analyzer : Romanization, transcription and transliteration. `http://open.xerox.com/Services/arabic-morphology/Pages/romanization`, 1997.

[10] Adam Berger. The improved iterative scaling algorithm : A gentle introduction. *School of Computer Science, Carnegie Mellon University*, 1997.

[11] D M Bikel and D Chiang. Two statistical parsing models applied to the chinese treebank. *Proceedings of the Second Chinese Language Processing Workshop*, page 16, 2000.

[12] Philippe Blache. Le rôle des contraintes dans les théories linguistiques et leur intérêt pour l'analyse automatique : les grammaires de propriétés. *actes de TALN-2000*, 2000.

[13] Philippe Blache and Jean-Yves Morin. Bottom-up filtering : a parsing strategy for gpsg. *COLING1990*, pages 19–23, 1990.

[14] R Bod. A computational model of language performance : Data oriented parsing. *Proceedings COLING'92, Nantes*, 1992.

[15] L Bottou. *Une Approche théorique de l'Apprentissage Connexionniste : Applications à la Reconnaissance de la Parole*. PhD. thesis, Université de Paris XI, Orsay, France, 1991.

[16] L Bottou. Stochastic learning. *Advanced Lectures in Machine Learning*, page 146168, 2003.

[17] Pierre Boullier, Benoît Sagot, and Lionel Clément. Un analyseur lfg efficace : Sxlfg. *TALN-2005*, 2005.

[18] J P Chanod. Robust parsing and beyond. *Robustness in Language and Speech Processing*, 2000.

[19] Jean-Pierre Chanod and Past Tapanainen. *Statistical and Constraint-based Taggers for French*. Technical report MLTT-016, Rank Xerox Research Centre, Grenoble, 1994.

[20] E Charniak. *Statistical language learning*. Cambridge, Mass : MIT Press, 1993.

[21] E Charniak. Statistical parsing with a context-free grammar and word statistics. *Proceedings of the Fourteenth National Conference on Artificial Intelligence AAAI Press/MIT Press*, 1997.

[22] Eugene Charniak. A maximum-entropy-inspired parser. *ANLP 2000*, pages 132–139, 2000.

[23] Samson Cheung. Proof of hammersley-clifford theorem. 2008.

[24] M Collins. Three generative, lexicalized models for statistical parsing. *Proceedings of 35th ACL*, 1997.

[25] M Collins. New ranking algorithms for parsing and tagging : Kernels over discrete structures, and the voted perceptron. *Proceedings of the 40th Annual Meeting of the Association for Computational Linguistics (ACL-2002), Philadelphia*, page 263270, 2002b.

[26] J N Darroch and D Ratcliff. Generalized iterative scaling for log-linear models. *The Annals of Mathematical Statistics*, pages 1470–1480, 1972.

[27] J N Darroch and D Ratcliff. Generalized iterative scaling for log-linear models. *Ann. Math. Statist.*, pages 1470–1480, 1972.

[28] M Marcus end B Santorini and M Marcinkiewicz. Building a large annotated corpus of english : the penn treebank. *Computational Linguistics*, pages 313–330, 1993.

[29] A Frank, M Beckerz, B Crysmann, B Kiefer, and U Schäfer. Integrated shallow and deep parsing : Top p meets hpsg. *Proceedings of the 41st Annual Meeting of the Association for Computational Linguistics*, pages 104–111, 2003.

[30] D Freitag and A McCallum. Information extraction with hmm structures learned by stochastic optimization. *Proceedings of AAAI*, 2000.

[31] G Gazdar, G Pullum, E Klein, and I Sag. *Generalized phrase structure grammar*. Oxford : Blackwell and Cambridge : Harvard University Press, 1985.

[32] E Giguet and J Vergne. Syntactic analysis of unrestricted french. *proceedings of the International Conference on Recent Advances in Natural Languages Processing (RANLP-97), Bulgaria*, pages 276–281, 1997.

[33] Spence Green and John DeNero. A class-based agreement model for generating accurately inflected translations. *ACL*, 2012.

[34] N Habash, A Soudi, and T Buckwalter. On arabic transliteration. *Arabic Computational Morphology*, pages 15–22, 2007.

[35] W R Hogenhout and Y Matsumoto. A fast method for statistical grammar induction. *Natural Language Engineering*, pages 191–209, 1998.

[36] K Ibrahim. *Al-Murshid fi Qawa'id Al-Nahw wa Al-Sarf (le guide des règles de syntaxe et morphologie)*. Al-Ahliyyah for Publishing and Distribution, Amman, Jordan, 2002.

[37] Bassam Jabaian, Fabrice Lefèvre, and Laurent Besacier. Approches statistiques discriminantes pour l'interprétation sémantique multilingue de la parole. *TALN-RÉCITAL*, 2013.

[38] F Jelinek, J Lafferty, D Magerman, R Mercer, A Ratnaparkhi, and S Roukos. Decision tree parsing using a hidden derivation model. *Proceedings of the 1994 Human Language Technology Workshop*, pages 272–277, 1994.

[39] M Johnson. A simple pattern-matching algorithm for recovering empty nodes and their antecedents. *Proceedings of the 40th Annual Meeting of the Association for Computational Linguistics (ACL), Philadelphia*, pages 136–143, 2002.

[40] Ronald M Kaplan, , and John T Maxwell. Grammar writer's workbench. *Xerox Corporation. Version 2.0*, 1994.

[41] Ronald M. Kaplan and Joan Bresnan. Lexical-functional grammar : A formal system for grammatical representation. *The Mental Representation of Grammatical Relations, the MIT Press, Cambridge, MA*, pages 173–281, 1982.

[42] R Koeling. Chunking with maximum entropy models. *Proceedings of CoNLL-2000 and LLL-2000, Lisbon, Portugal*, pages 139–141, 2000.

[43] T Koo, X Carreras, and M Collins. Simple semi-supervised dependency parsing. *Proceedings of Meeting of Association for Computational Linguistics*, page 595603, 2008.

[44] T kudo and Y Matsumoto. Chunking with support vector machines. *NAACL'2001*, 2001.

[45] J Lafferty, A McCallum, and F Pereira. Conditional random fields : Probabilistic models for segmenting and labeling sequence data. *International Conference on Machine Learning (ICML)*, 2001.

[46] M Liberman and K Church. analysis and word pronunciation in text to speech synthesis. *Advances in Speech Signal Processing*, page 791831, 1992.

[47] D C Liu and J Nocedal. On the limited memory bfgs method for large scale optimization. *Math Program*, pages 503–528, 1989.

[48] D C Liu and J Nocedal. On the limited memory bfgs method for large scale optimization. *Mathematical programming 45*, pages 503–528, 1989.

[49] D M Magerman. Statistical decision-tree models for parsing. *Proceedings of ACL*, 1995.

[50] C Manning and H Schütz. Foundations of statistical natural language. *Processing MIT Press, Cambridge MA*, 1999.

[51] M Marimon. Integrating shallow linguistic processing into a unificatio-based spannish grammar. *proceedings of COLING-02*, 2002.

[52] A McCallum, D Freitag, and F Pereira. Maximum entropy markov models for information extraction and segmentation. *Proceedings of ICML, Stanford, California*, page 591598, 2000.

[53] R McDonald. *Discriminative Learning and Spanning Tree Algorithms for Dependency Parsing*. Ph.D. thesis, University of Pennsylvania, 2006.

[54] R McDonald, K Crammer, and F Pereira. Online large-margin training of dependency parsers. *Proceedings of ACL*, 2005.

[55] Y Miyao and J Tsujii. Probabilistic disambiguation models for wide-coverage hpsg parsing. *Proceedings of ACL-2005*, pages 83–90, 2005.

[56] S Müller. *The Babel-System : a parser for an HPSG fragment of German*. Language Technology Lab, University de Berlin., 2001.

[57] M Mohri. Finite-state transducers. *Language and Speech Processing. Computational Linguistics*, 1997.

[58] A Molina and F Pla. Shallow parsing using specialized hmms. *The Journal of Machine Learning Research*, 2002.

[59] Richard Moot. Grail : an interactive parser for categorial grammars. *Proceedings of VEXTAL'99, University Cá Foscari*, pages 255–261, 1999.

[60] Fabienne Moreau and Pascale Sébillot. *Contributions des techniques du traitement automatique des langues à la recherche d'information*. 2005.

[61] T Ninomiya, T Matsuzaki, Y Tsuruoka, Y Miyao, and J Tsujii. Extremely lexicalized models for accurate and fast hpsg parsing. *Proceedings of EMNLP 2006*, 2006.

[62] J Nivre and J Hall. Maltparser : A language-independent system for data-driven dependency parsing. *Proceedings of the Fourth Workshop on Treebanks and Linguistic Theories*, page 137148, 2005.

[63] M Osborne and T Briscoe. Learning stochastic categorial grammars. *CoNLL97 Computational Natural Language Learning*, 1997.

[64] B Partee. Montague grammar. *van Benthem and ter Meulen*, pages 5–92.

[65] S Della Pietra, V Della Pietra, and J. Lafferty. Inducing features of random fields. *IEEE Transactions on Pattern Analysis and Machine Intelligence*, pages 1–13, 1997.

[66] Steven Della Pietra, Vincent Della Pietra, and John Lafferty. *Inducing Features of Random Fields*. Technical Report CMU, School of Computer Science Carnegie-Mellon University, 1995.

[67] C Pollard and I A Sag. *Head-Driven Phrase Structure Grammar*. Chicago, IL : University of Chicago Press, 1994.

[68] William H. Press, Saul A. Teukolsky, William T. Vetterling, and Brian P. Flannery. Numerical recipes in c : The art of scientific computing. *Cambridge University Press, New York, USA*, 1992.

[69] L R Rabiner. A tutorial on hidden markov models and selected applications in speech recognition. *Proceedings of IEEE*, pages 257–286, 1989.

[70] Rajman. Approche probabiliste de lanalyse syntaxique. *T.A.L*, pages 1–43, 1996.

[71] L A Ramshaw and M P Marcus. Text chunking using transformation-based learning. *Proc. Third Workshop on Very Large Corpora : Proc. ACL-95.*, 1995.

[72] J Rankin. Analyse des données orientée. *Revue de la littérature*, 2007.

[73] A Ratnaparkhi. A linear observed time statistical parser based on maximum entropy models. *Proceedings of the Second Conference on Empirical Methods in Natural Language Processing (EMNLP). Brown University, Providence, Rhode Island*, 1997.

[74] A Ratnaparkhi. Learning to pars natural language with maximum entropy models. *Machine Learning*, pages 151–175, 1999.

[75] A Ratnaparkhi, S Roukos, and R T Ward. A maximum entropy model for parsing. *Proceedings of the International Conference on Spoken Language Processing (ICSLP), Yokohama, Japan*, pages 803–806, 1994.

[76] E F Tjong Kim Sang and S Buchholz. Introduction to the conll-2000 shared task : Chunking. *Proceedings of CoNLL-2000, Lisbon, Portugal*, pages 127–132, 2000.

[77] R Scha. Taalthéorie en taaltechnologie ; compétence en performance. *R. de Kort and G.L.J. Leerdam (eds.) : Computertoepassingen in de Neerlandistiek. Almere : LVVN*, pages 7–22, 1990.

[78] Fei Sha and Fernando Pereira. Shallow parsing with conditional random fields. *HLT-NAACL*, 2003.

[79] S Shieber. A simple reconstruction of gpsg. *COLING 86*, 1986.

[80] D D K Sleator and D Temperley. *Parsing English with a Link Grammar*. Carnegie Mellon University, School of Computer Science, 1991.

[81] Guang-Lu Sun, Chang-Ning Huang, Xiao-Long Wang, and Zhi-Ming Xu. Chinese chunking based on maximum entropy markov models. *Computational Linguistics and Chinese Language Processing*, pages 115–136, 2006.

[82] J Suzuki, H Isozaki, X Carreras, and M Collins. An empirical study of semi-supervised structured conditional models for dependency parsing. *Proceedings of EMNLP*, 2009.

[83] Yongmei Tan, Tianshun Yao, Qing Chen, and Jingbo Zhu. Applying conditional random fields to chinese shallow parsing. *Computational Linguistics and Intelligent Text Processing, Lecture Notes in Computer Science*, pages 167–176, 2005.

[84] Jérome Vapillon, Xavier Briffault, Gérard Sabah, and Karim Chibout. An object-oriented linguistic engineering environment using lfg (lexical-functional grammar) and cg (conceptual graphs). *Proceedings of Computational Environments for Grammar Development and Linguistic Engineering, ACL'97 Workshop*, 1997.

[85] S.V. N. Vishwanathan, Nicol N. Schraudolph, Mark W. Schmidt, and Kevin P. Murphy. Accelerated training of conditional random fields with stochastic gradient methods. *Proceedings of the 23rd International Conference on Machine Learning, Pittsburgh, PA*, 2006.

[86] Hanna M. Wallach. *Conditional Random Fields : An Introduction*. Technical Report MS-CIS-04-21. Department of Computer and Information Science, University of Pennsylvania, 2004.

[87] E Wehrli. The ips system. *Actes de COLING-92, Nantes*, pages 870–874, 23-28 août 1992.

[88] Todd Yampol and Lauri Karttunen. An efficient implementation of patr for categorial unification grammar. *COLING 1990*, pages 419–424, 1990.

www.ingramcontent.com/pod-product-compliance
Lightning Source LLC
LaVergne TN
LVHW042348060326
832902LV00006B/468